引爆内容营销的6个密码

[美] 马克·舍费尔（Mark Schaefer） 著

曲秋晨 译

THE
CONTENT
CODE

Six Essential Strategies to Ignite
Your Content, Your Marketing,
and Your Business

中国人民大学出版社
·北 京·

致我最优秀的粉丝们。我们创造了内容，同时内容也创造着我们。写给那些每天与我一同阅读、思考，和我一起成长的人。

快！拯救你的内容！

我们曾兢兢业业地搜集素材，勤勤恳恳地埋头创作，因为我们相信，只要努力创造有价值的内容，早晚有一天会被人们所发现。

现实果真如此吗？

当然不是，真实情况是：我们苦心创作的内容即将窒息而死！

这不是危言耸听，而是很多 CCOWORLD.com 社群朋友的亲身感受。如果你是有经验的内容营销从业者，一定也有同样的感慨！

不信的话，就去看看你的公众号里有多少小红点未被点开吧。

多么怀念早期的互联网用户啊：那时的他们傻傻地守着电脑，等待着几分钟后才能打开的网页或者图片，然后惊呼：太神奇啦！而现在，网民对内容的渴望和耐心早已不复存在。

今天的信息通路，就像北京高峰期的三环一样拥堵。每秒钟都会产生上万条微博和百度搜索请求，还有超过几百万封邮件被发出。也就是说，互联网世界每秒所产生的信息，我们花一辈子也看不完。

这是不是在说，我的内容注定永无出头之日了？有没有什么技术能穿透信息屏障呢？引爆内容有没有系统的工具和方法？带着社群朋友们的这些问题，我们开始实践和寻找国内外内容营销方面的实战理论。

很幸运，我们遇到了全球销量第一的社交媒体畅销书作家马克·舍费尔，还有他的著作《热点：引爆内容营销的 6 个密码》。

马克在《热点》这本书里总结了引爆内容、打造热点的 6 个关键元素，并称之为"热点密码"。这些元素曾像散落在行业各处的营销宝石，如今被马克一一收集起来，毫无保留地呈现在这本书里。为了使之更容易被消化理解，马克用实例举证，逐条分析，并给出了清晰的实施方法。

书中，马克还特别采访了当今最成功的内容营销与社群专家，汇集了多个角度的见解。其中不少观点有别于我们听过的那些陈词滥调，令人眼前一亮，且非常实用。

在翻译此书的过程中，我被马克朴实的文字和发自肺腑的诚意所打动。用美国公关专家肖娜丽·波克的话来说就是："你毫无保留地分享经验，从不轻描淡写那些你成功的关键细节。而这些付出所带来的美妙结果就是收获粉丝们的信任，包括我。"

由此可见，本书的重点在于帮助读者锻造引爆内容营销的工具，无论你有无内容营销经验，无论你身处何种行业，相信都能从这些简单直白、直入主题的建议中获得灵感。

当然，工具的锻造更在于交流与实践。在本书之外，我们还需要一个空间。在这里，我们可以相互切磋探寻本质，把热点密码践行落地，并让思想的火花让全世界看到。这一切，内容营销系列书服务站 CCOWORLD.com 都已为你备好。CCOWORLD. com（首席内容官）是一个正在极速成长的公众社群，这里的一切内容，包括运营知识、案例分析、社群活动都来自社群成员的无私分享……当然，我们也期待你的加入。

一本书的价值不该只是"值得拥有"，它还应该是游戏规则的改变者。在这场不可避免的营销变革里，我们会一直是你的忠实朋友！所以，别再害怕犹豫，现在就行动起来，用热点密码激活你的内容！别让它埋没在黑暗的角落窒息而死，尝试用 6 个元素锻造热点，成就伟大的品牌！

CCOWORLD. com 主编　　曲秋晨

以往，我写过的每本书都尽量从客户、学生和商界朋友的角度来解答一些既重要又复杂的问题。我曾为以下问题找到答案：

我能从你那里了解到 Twitter 吗？

社交媒体势不可挡，我该从哪着手呢？

我该如何创建和运营一个博客，让它为我的事业所用？

在网络上如何才能变得更重要、更强大，甚至获得成功？

截至目前，只要我一遇到用博文无法说清楚的问题，就会通过写书来解答。以下就是这本《热点：引爆内容营销的 6 个密码》要解答的核心问题：

我是一个职业的营销人，竭尽全力地努力工作。我创作内容，利用社交媒体，并紧跟每一次数字营销的创新和新平台的规则运作，可为什么我的业务没有遍布各地呢？

答案是：因为你生活在昨天的世界里。

在营销界有一个亘古不变的神话，那就是，内容为王。如果你能够创造出妙趣横生、抢占头条、令人震惊的内容……再往里面塞满关键词，关联其他头条，插入 Pinterest 上最好的图片，并利用视频、播客和列表体进行装饰……那么你就成功了。

我们都有这样一个错觉，以为最好的内容总是排在最前边，是搜索排行的热门，是用户眼里的灯塔。从某个角度来看，这种说法可能是对的。在网络时代的初期，网上可用的内容与用户消费内容的能力之间存在巨大的不平衡。我们是一群永不满足的消费者，我们愿意在新生的互联网上花费大量时间来寻找新的信息源。

但是这种平衡被戏剧性地打破了。

现在，每个企业、机构、俱乐部、大学、非营利组织，甚至一个 13 岁的孩子都想要摆脱这种状况，希望像水果姐那样脱颖而出。几乎每个能上网的人都参加了这场内容创作的派对。网络上充斥着各种自拍、视频、诗词、歌曲、信息图和臭脸猫。

看看这一商业领域的未来吧，数字信息过剩这一势不可挡又难以捉摸的力量，比任何一股趋势都更深刻地影响着你的营销目标和推广手段。

当然，如果你目前从事的正是营销、公关、广告或客户服务工作，那你可能早就知道这些了。而真正的问题是，你准备怎么做？

如何回答这个问题成了我的梦魇。是坐等着让内容的海啸把我们吞没吗？还是乖乖付钱给 Facebook 好让千辛万苦积累的粉丝阅读到我们的内容？抑或就这么袖手旁观，眼睁睁地看着自己的伟大作品石沉大海？

不，我们需要答案。我们需要更多选择。这就是本书的目的。这是一本关于希望的书，一本关于打破危险的噪音之墙，并在营销中制胜的书，它超越了内容，超越了社交媒体，甚至超越了搜索引擎优化（如果它能够持续存在的话）。《热点：引爆内容营销的 6 个密码》一书的开端就是你现有的内容营销计划的终结，你会发现，打造一个新的博客或视频可能是你最不需要担心的事。

创造伟大的内容并不是终点，而是起点。

对你的事业来说，现在的规则就是解锁内容，释放它，引爆它，在这个充斥着大量信息的世界把内容转化成可量化的商业价值。

去年一整年，我一直在研究**"内容引爆"**这个重要概念（见图 1），它改变了我。事实上，分享令人惊喜并着迷的内容，这一行为是有科学与心理学依据的。人们分享内容的理由可以有无数，但其背后的过程只有一个，那就是关系到个人形象、与他人的关系，甚至还有对某个作者或品牌的共情。这是一种异乎寻常的亲密体验，是一种关于信任的宝贵象征，更是一种内容层面的交流与共融。

在数字营销的成功案例中，我还发现一组**热点密码**。它是一种复杂的混合体，而非仅仅是一种"推广"。它能把内容推到首页，让读者看到，并从对精彩的博文、图片、播客和其他营销传播因素的投入中释放出惊人的全新商业价值。

图 1

过去，大部分营销人员做的都是埋头生产内容，建立受众群的工作，是时候重新抬起头掌握第三种能力了，那就是引爆策略。

内容传播的热点密码是一种组合，它包含了艺术、科学甚至还有一点数字魔法，《热点：引爆内容营销的6个密码》中涵盖了以下六个元素：

- 品牌建设

- 粉丝和意见领袖

- 分发、广告、推广和搜索引擎优化

- 权威性

- 嵌入"分享基因"

- 社会认同和社交标记

《热点：引爆内容营销的6个密码》的好处就在于它适用于任何人和任何规模的企业。无论是每周只有一点时间用于营销，还是把全部时间都用于内容引爆，你都能在这本书里找到帮你在这个混乱的信息市场中制胜的上百种方法。

　　未来不止于内容创作，未来的营销关键是引爆热点。

　　现在，让我们一起来探索《热点：引爆内容营销的 6 个密码》。

|目录|

Contents

第一章

引爆热点的开关

> 先于变化采取行动。
>
> ——杰克·韦尔奇

对于过去的营销人来说，生活很简单。

甚至就在 20 年前，我们的媒体选择还非常有限。所谓好的传播途径，无非是电视、广播、印刷品，另外附带户外广告牌、公关宣传和商业表演等。每周、每月甚至每年，营销人都在这些过时的营销渠道上花费预算和心思，概莫能外。

时至今日，可供选择的营销平台日新月异，就连聘请营销人的原则也在发生改变！解释一下我这句话的意思：

首先，我们需要快速地了解一下现今最常用的社交平台——Twitter 的发展历程。Twitter 创立于 2006 年，几个月后，一次最多能发布 140 字的 Twitter，就成了广受欢迎的交流平台。但很快，Twitter 就发生了明显的变化，这种变化不仅是因为 Twitter

有了宏大的战略性商业计划，更是因为一些企业和忠诚的粉丝发现了 Twitter 很多不为人知的使用技巧。

● 无处不在的话题标签最先出现在 2007 年的一次科技会议上。慢慢地，话题标签引起了人们的注意，时至今日，话题标签已经成为推广、发掘和组织内容的首选方法。而事实上，Twitter 对于这一革命性的创新并未做出任何贡献。

● 很多营销人都把 Twitter 看作是同类平台中最强大的实时调研依据，一些企业通过先进的检索策略使业务得到了有效的提升，并以这种方法取代了广告。

● Twitter 聊天室是另一个由用户发明的产物，同样也带来了巨大商机，一些在 Twitter 上自创聊天室的网红凭借自己的内容获得赞助，收入不菲。

● 事实上，Twitter 已经成了收看电视、扩散信息和投放广告的"第二屏幕"，就连传统的尼尔森电视收视率都把 Twitter 的发布频率和速度作为重要的衡量指标。

● 现在 Twitter 已经被用于号召政治投票、明确消费者意见、创建详细的买家角色等方面，甚至还能启发电视情节主线的创作。

● 一篇 Twitter 博文比 300 多个独立的 APP 更有用，它可以帮你更有效地管理、判断，或者找到工作。

……

当然，Twitter 的能力清单上远不止这些，几乎每周，Twitter 都会出现营销人所需的重要创新，你甚至可以干脆把运营

Twitter 当成一项职业。

现在，如果全世界每个数字平台上的内容都成倍增加，你肯定会迷失其中！不过，虽然狂热的变革脚步需要人们慎重思考，但这并不是营销人最急需担心的问题。还有另外一个更严重、更贴近当下的问题，影响着行业中几乎每一个营销策略、方法和创新，那就是**垃圾信息正在迅速增加**。

互联网的好日子已经结束了

1987 年，我的第一台笔记本电脑被连到墙壁的电话插座上，通过 AOL 拨号连接上网。

你还记得拨号连接时发出的嗡嗡-嘶嘶声吗？听到就让人兴奋！我清楚地记得我当时在美国宇航局的网站上下载了银河系的照片，那是我人生中下载的第一张照片，我还特别打电话给妻子和孩子，让他们一起见证这个奇迹。那可是通过电话线传过来的一张彩色照片啊！仅用 10 分钟就下载好了！

现在看来，那可真是弱爆了。但我讲这件事是为了说明重要的一点：在早期的网络上，有意思的东西很稀缺，我们把大把的时间都用在了等待下载上。所以，如果你想弄清楚内容引爆的价值所在，就必须了解从嗡嗡-嘶嘶的过去到网络飞速发展的今天，网络世界究竟发生了什么。

在过去，能够获取一点点数字内容就足以让人感到震惊。那时的我们渴望得到信息，充满惊奇地关注着从这种新兴电子渠道传出的各种内容。

时光飞逝，转眼到了 2009 年，我已经成了一位严肃内容创作人。相对今天而言，2009 年的网络还是一个不太拥挤的内容空间，当时玩博客的人大概只有现在的三分之一，而其他类型的用户就更少了，比如发播客的、做视频的、在 Pinterest 上钉图的、在 Facebook 上发消息的，以及在 Instagram 上传照片的。

对于个人或企业品牌来讲，过去的社交媒体或内容模式都非常简单：先创造大量的内容，再在搜索优化和推广上花费少量的精力，只要人们能通过谷歌搜索到你的产品或服务，你的业务就能得以发展。

但现在，这种好日子已经结束了，接下来你会看到一场必然发生的革命。

数字时代的全新交易入口

到目前为止，数字化营销一共经历了三个明显的阶段。这几次剧变各不相同，却都取得了不小的成就，并且推动着我们向前发展。

第一次数字化革命发生在 20 世纪 90 年代后期的互联网发展初期，AOL、Netscape 和 Prodigy 等公司唤醒了处于萌芽期的互联网。在这个阶段，公司的首要任务就是建立网站。所以，互联网时代早期的业务关注点在于"露脸"。

网站一旦建好之后，下一步要做的，就是被人们发现。20

世纪90年代末，谷歌和 Alta Vista 这类公司为你铺好了路，公司业务优先级转向了搜索优化，这个价值300亿美元的产业诞生了！可见，在数字化革命的第二阶段，首要任务变成了"被发现"。

今天，我们已经稳步走在数字革命的第三个阶段。这一阶段由社交媒体和移动技术所开启，企业在本阶段的目标就是"实用"——根据人们的需求提供帮助和服务，无论他们需要的是一篇影评，还是要查询笔记本电脑的最低价，抑或是寻找零售店的产品信息。（第四次数字革命也不远了，但是你得在第十一章才能获得更多信息。）

随着各个阶段疾步紧逼，营销人的日子越来越不好过。如果你是第一次革命中的先驱，建立了早期的网站，那么在后来者追上来之前，你都占尽优势。同样地，如果你在第二阶段率先掌握了搜索优化的规则，那么恭喜你！只要你的竞争对手还在身后，你就能稳居领头羊位置。可一旦他们也掌握了规则，那么竞争又会重新变得激烈，花费也会随之增加。

时至今日，数字营销的工作也越来越难了，因为你的竞争对手也知道了要尽早尽快地参与有效的网络活动并贡献内容。如果你在一个行业缺口中是先驱，又处于主导地位，那可真是个好消息！好消息！好消息！但如果这个缺口已被填满，那么你可能就会发现一种行业状态，我把它叫作"内容休克"。

什么是"**内容休克**"？简单来说，它代表着目前普遍的营销难题：有太多的内容需要了解，而人们的时间又太少，以至于很难把内容全部消化。那么，它会给你的商业策略带来什么影响呢？

"内容休克"出现了

内容/社交媒体/移动革命日渐成熟。影响我们信息获取能力的因素正在发生改变，即可用内容量与消化内容的能力正在改变。

免费的内容还在疯狂增长。现在，大部分关于信息增量的预测认为，在2015—2020年间，网络上的信息量大约会增长5倍。想象一下今天网络上的信息量……嗯，很快我们就会有5倍这么多！而且还有人认为这一数字过低，他们预测的是5年内网络信息量会增长10倍！

你还觉得想在未来几年内脱颖而出也不是很难？

但是稍等，你以为这些成倍增加的信息来自那些相互联系的、物联网式的智能终端吗？就是你的冰箱发出需要啤酒的指令，然后就有网络安排卡车上路为你送货到家的那种信息？

非也！专家们认为75%的信息增长将来自品牌和个人。什么自拍照啊、猫咪照片啊，这些都得找个地方炫耀，不是吗？它们都在竞相获取人们的关注。地球上几乎所有人都正在变成他或她自己的专属传播渠道。对消费者来说，这是件不错的事情，但是对于品牌信息来说，这可就成了一堵难以逾越的噪音墙。

消费端的变化

这儿有个好消息，就是每当科技有所突破，人们的内容消费量就会明显提升。

几个世纪以来，我们一直在读书看报。到了 1920 年左右，无线电出现了，人们每天花在内容消费上的时间从大约 2 个小时翻倍到 4 个小时。而电视、互联网、电子游戏的出现则获得了更多关注，这些都以牺牲户外活动和家庭集体活动的时间为代价。据尼尔森和其他消息来源发现，截至 2011 年，美国人每天花在内容上的时间超过 8 小时。

移动设备的快速普及再次急剧助长了内容消费，因为现在我们可以随时随地、随心所欲地浏览喜爱的猫咪图片、阅读影评、观看 YouTube 视频。

因为这次移动革命，截至 2014 年，人们每天花在内容上的时间又增加了 2 小时。今天，西方成年人平均每天花在内容消费上的时间为 10 小时。

这个世界上的所有人花在内容消费上的时间一直在增加。那么它还能增长到多少呢？每天 11 个小时？13 个小时？14 个小时？

我不知道，根本就没人知道。有些游戏玩家一天都坐在那里，消费内容的时间可以达到 18 小时甚至更多。睡觉、消费、睡觉、消费？问题是，我们正在接近身体消费内容的极限。

有限的内容消费和爆炸的可用内容，这种激烈的碰撞在市场营销界产生了一种现象，我称之为"内容休克"。**内容供应正在呈几何倍数增长，而内容需求却一直毫无起色。在这种情况下，你必须加倍努力才能保住在消费者脑中所占有的现有"份额"。**而这一切正在真实上演。

无法避免的内容营销效果蒸发

内容休克时代会遭遇什么？看下面这个例子。美国太平洋西北部有一家中等规模的运动产品公司，遵循着经典的社交媒体营销方法，历尽千辛万苦终于在市场上开辟了一块小小的利润空间，服务几个国际客户。

● 过去，他们一直在创作有益的、高质量的内容片段，其中很多是主打消费者的故事。

● 他们联系使用公司产品且受大众欢迎的运动员，报道他们的经历、故事，拍摄相关视频。

● 他们积极在 Twitter、YouTube 和 Facebook 上与粉丝交流，三年的时间里，他们的在线粉丝至少翻了一倍。

● 每年，他们都会有大量投入用于创作内容，甚至还雇用了全职的网络社群经理，对于一家只有 17 名雇员的小公司来说，这是一笔巨大的投入。

尽管在市场营销方面付出了这么多努力，但是仅在最近 9 个月的时间里，他们在 Facebook 上的自然阅读量（无须广告支持就会观看该内容的人数）就下降了 80％。

怎么会发生这样的事？

几年前，如果你认认真真创作内容，与受众进行交流，就可以指望 Facebook 将帖子"秀"给你大约 30％的粉丝看。尽管不同行业在这一数字上相差很大，但自 2011 年以来，各行业的自然阅读量都在急剧下降。对大部分公司来说，包括我的客户，自然阅读量已经接近于零。

为什么会这样呢？Facebook 给出的解释是，内容量太大。每天 Facebook 的新闻推送会向用户提供近 2 000 个故事，但这一数量远超用户的消费能力。因此，Facebook 使用了一种叫作"Edge-Rank"的算法，对展示给用户的内容进行大幅度的筛选。

对于依赖 Facebook 与消费者联系的众多小公司来说，它们似乎只有两个选择：（1）花更多的钱生产高质量的内容，再祈祷这个内容能挤进消费者的新闻推送里；（2）付费给 Facebook，为公司内容做推广。无论以哪种方式参与这一竞争都需要付出巨大代价。

但即使是这种"破财消灾"的策略，对很多公司来说，也有可能是"赔了夫人又折兵"。购买 Facebook 广告的人越来越多，而 Facebook 的广告位有限，结果就是广告价格日渐攀升。对很多小公司来说，Facebook 的广告价格已经高不可攀。并且有研究显示，即便公司有钱做广告，现在用户对 Facebook 上那些付费推送的内容也视而不见。这种每天重复的公告板式的内容具有扰乱性不说，其内容本身也无甚亮点，所以被无视也很正常。

这就是实实在在的内容休克。

这可不是某一个消费品或 Facebook 网站上独有的问题。有研究结果显示：B2B 公司网站上 60％～70％的内容都没人看，这一问题存在于各种数字渠道。信息过剩就像铁匠手中的锻锤，锻造着我们的营销方案，锤炼出新的创意和战略，淘汰掉陈词滥调。是时候推陈出新了！

信息过剩的三个影响

我认为这一趋势的背后还有一些其他的没那么明显的影响。

1. 有钱就有优势

新的媒体渠道诞生之初，总是充斥着粗制滥造的"草根"内容，但最终的赢家总是资金最雄厚的内容创作者。电视刚出现的时候，充斥着各种草根节目，就像博客的初期一样。各种炒菜节目、游戏表演、杂技展示用的都是草根达人。而今天，各大公司接管了这些节目，电视上的"草根"内容已经所剩无几。

几年前，YouTube 上最流行的视频是那种草根生产的自制影片。而今天，点击量最大的视频已经被各大品牌所主宰，都是一些制作精良的影片和音乐视频。

即便是 Facebook 这一社交媒体界了不起的均衡器，也随着广告位的减少，导致内容推广的费用节节攀升。假以时日，如果那些预算不足的内容生产者还没有找到新的方法，就会被挤出消费者的视线。

回头来看那个体育用品公司的例子，如果该公司的竞争对手把更多的资金投入 Facebook，那么原来那家公司终将失去这一渠道。而这一切在几年前，好的内容肯定能获胜的时候，是根本不会发生的。

2. 准入门槛太高，一些公司被排除在外

就算是再小的市场空间，"钱多好办事"的趋势也日益明显。用内容占据市场的公司极大地提升了竞争对手的准入门槛，甚至完全将它们挡在了关键词搜索结果之外。所以本质上就是，胜出的营销人给他们的竞争对手制造了内容休克。

因此，这一趋势带来的第二个影响便是，成功进行内容营销的门槛会变得更高，甚至对有些公司来说，会变得高不可攀。

3. 信息过剩是创新引擎

这是创新型经济的神奇之处。当有些东西失效时，便会有人找到更好的东西来取代它。**信息过剩的锻锤会锻造出新的内容形式和商机平台，为早期的使用者和创新者提供新的机遇。**

尽管目前挑战艰巨，但这是一个机遇无限的时代。你需要保持洞见和理性，根据实际情况制定战略。内容休克会以何种方式出现，何时出现，在不同的公司和行业间区别很大，影响因素有很多。对于有些公司，出现内容休克可能是几年后的事。但是对于诸如体育用品之类的公司来说，内容休克是眼下正在发生的事。

营销史上，技术的突破总会开启新的领域，总是会有第一个吃螃蟹的人。当内容休克的影响变得无法负荷的时候，下一个可开拓的创新领域在哪儿？

《热点：引爆内容营销的 6 个密码》将为你找到答案。

本书所讲的不是如何创造出好的内容，市场上兜售内容创作的书已经太多了。在今天，再酷炫的内容也仅是提供了让你参与

竞争的门票而已。真正的力量来自那些不仅能创造内容，还能通过网络分享出去，进而与消费者建立联系、交流和并打动他们的人。

研究公司 eMarketer 的报告显示，83％的品牌营销商把**社交分享**看作是社交媒体的首要优势，因为 70％的消费者称他们更愿意根据朋友在社交媒体上的推荐购买相关产品。

这是一个很有力的数字，但让人迷惑不解的是，今天的市场营销界几乎所有的谈论重点都是如何创造更多的内容、如何更高效地创造内容、实现内容的自动化生产、寻找衡量内容的方法等。但 eMarketer 的研究却表明，品牌力量并非来自内容，而是来自**我们信赖的朋友**所转发的内容。

内容营销的起点是内容，但是要实现财源滚滚，则需要"引爆"内容。

这就是我们要讨论的重点。网站上那些尚待发现的内容，即便精彩程度令人叹为观止，但对于企业来说，它的价值就好比远在公众视线之外、锁在黑暗保险柜里的精彩小说手稿一样。

为什么内容不再是王道？

对于今天仍想在市场营销领域杀出一条成功之路的人来说，有一点是很明显的：内容营销与内容已经关系不大了。

讲一件趣事，看看我是怎么发现这一点的。

早先，我作为一名博主的经历充满了挫折。我认为我的内容和谁比都不差，但它就是无法吸引任何读者，更别谈商业机会了。我的内容就这样静静地、孤独地躺在网络的一角。

我曾按照《名博最佳实践指南》的指导，坚持不懈地发布内容，与他人联系构建社区，撰写发人深思的原创博文。然而，我的内容依旧在网上凋零、枯萎。

开通博客的第二年，我自认为找到了自己的定位和观点，信心满满地撰写有关影响力营销、数字趋势以及市场营销见解的原创博文。然而，我收到的仍旧是冷冰冰的反应。

就在我专心创作这类博文的时候，克里斯·布罗冈，一名在网上广受欢迎、撰写市场营销和商业观点博文的企业家，发布了一篇短短几十字的博文，全篇如下：

> 如果你要跟人说话，就直接说。不要光看或读你做的 PPT。大家都看得懂，所以不要这样做。

就这么点东西！

不可思议的是，它获得了近 400 人的分享，或者说每个字都有 10 多个人分享；它还获得了 50 多条不同读者的评论——比博文字数还多。这些评论都很热情，有些甚至用了诸如"真牛"、"了不起"等字眼。

我在这里打算冒天下之大不韪地说，它其实根本就不是什么了不起的博文。实际上，自从有 PPT 以来，上述博文里的话就是演讲 PPT 的标准建议。如果有人在培训时给出这种建议，你可能早就眯起眼睛打哈欠了。我甚至在想，克里斯应该也承认他的这篇博文根本算不上啥"牛气哄哄的"博文！

几年后，克里斯和我成了朋友，但在那时，我内心仍愤懑不已，一篇短短几十字的无趣博文获得的阅读量居然比我的博客一年获得的阅读量还多。

这到底是怎么回事呢？

如果互联网是个伟大的均衡器，所有好作品都能获得回报；如果了不起的内容总是能像社交媒体大师跟我讲的那样蹿上排行榜首位，那为什么他的博文能引爆，而我的就不行呢？我当时认为即便克里斯写一篇题为《今天我觉得有点胀气》的帖子也能获得 300 次的 Twitter 点击量。我还真的怂恿过他把这当作一个实验去做，但遭到了他的拒绝。

为什么克里斯发布什么内容都能像烈火烹油一样引爆网络呢？他是怎样做到这一点的？内容营销的成功与他的内容有什么关系吗？还是他拥有某种我不知晓的个人魅力？是不是有我尚未发现的热点发布密码？

我要把这弄个清楚！并且，坦率地讲，作为一名市场营销顾问和专家，如果我想要取得成功，我就必须弄清楚这一切。

我为数不多的博客读者之一在评论里是这么回复的，恰好反映出我当时的恼怒之情：

那些宣称好内容总是能蹿上排行榜首位的人都已经身居市场营销界的高位。对于我们这些初出茅庐、千辛万苦证明自己的人来说，似乎创造再多的内容也不会有人注意到。我们怎样才能破解这一密码呢？

确实！密码到底是什么？

其他人也开始发掘线索。既是我的朋友，也是商人、博主、搜索优化专家的马赛拉·德维沃也表达了类似的挫败感：

> 我写了一篇有关社交媒体审核的文章，然后把它放在我的博客上。但是，没有人评论，根本就没有任何反应。后来我将这篇文章发给了"今日社交媒体"网站。文章获得了数百次Twitter转发，我在博客界也获得了一些不错的反馈。

> 再好的内容也是这样。不论作品质量如何，同一篇文章，只因为我的博客没有权威性或者说粉丝数量不多，就不会有人发现或是阅读。

> 所以我认为，现在的重心必须从内容创作转移到构建社群、开发内容传播战略以及营销推广你所创造的内容上来。

马赛拉针对难以捉摸的热点密码指出："无论内容质量如何，内容营销的成功必须要有社群、传播和推广。"

米拉博的内容营销奇迹

在这个信息过剩的时代，内容营销成功的秘诀是什么？看下面这个例子：

几年前，我的好朋友史蒂芬·科隆克联系到我，希望我能帮他制定一项营销策略。下面是他的故事梗概：

- 他从伦敦辞职举家迁到法国的普罗旺斯。

- 在正值经济不景气、也没有任何酿酒经验的情况下，他创办了一家叫作米拉博的酿酒厂。

- 他的老牌竞争对手就有 600 家，还仅是在普罗旺斯。

这是件棘手的工作，但我热爱挑战，而且最重要的是，我相信史蒂芬。他拥有出色的商业头脑、迫切的学习热情和优秀的叙事能力。我必须答应他！

第一步就是确定他在这样一个高饱和度、低增长的市场空间，绝不能"随大流"。我们进行了一次彻底的市场对比分析，发现在该地区数以百计的酒厂中，没有一家进行了有效的数字营销投入。同时，他的潜在零售客户正在社交媒体上逐渐形成规模。就在这儿，我们发现了机遇。

我们迅速对内容营销手段进行了细分，一致认为史蒂芬的主要优势是视频。他是一个摄影天才，而普罗旺斯那苍翠、古老的乡村风光为搜罗葡萄酒酿造、美食、历史、艺术以及当地风情提供了理想环境。

史蒂芬以一种非常接地气且又有趣的方式，坚持不懈地记录着他的酿酒过程。他记录了一次品牌危机，那次几乎把他的生意压垮了。他还制作了一些有趣的视频，介绍法国政府的可笑批文、参加国际品酒大赛的体验以及怎样在晨光中收获葡萄。他创作了一些有关他所在的村庄、他的宠物以及家人的故事。当连续 13 分钟的冰雹把葡萄藤摧毁殆尽时，他仍记得跟人分享他跪在葡萄藤旁时的痛苦。他甚至用视频捕捉全家旅行时，儿女们唱歌跳舞的欢乐画面。

他向外人展示了古板、传统的酿酒业人性、现代的一面。

除了创作内容，我们还制定了一项网络战略，就是坚持不懈地培育葡萄酒粉丝群，这些人热爱他的葡萄酒，还热衷于了解他这桩小生意的点滴故事。随着粉丝人数和交流的成倍增加，史蒂芬终于有资格跟大型葡萄酒零售商分享这一数据，以此证明他的与众不同之处。事实上，该地区没有任何一个酒厂拥有像后起之秀米拉博酒厂那样的网络营销实力和粉丝群。这一战略成功了，酒厂开始不断接到订单。

遵循既定战略，史蒂芬占据了葡萄酒这一尚未饱和的内容营销席位，获得了稳定的增长。就在他的第 222 个视频处，史蒂芬掘到了彩虹尽头的黄金。他用 29 秒的视频展示了如何用鞋子开红酒瓶盖。截至目前，这一视频已获得超过 900 万人次的点击量，这是整个网络史上最成功的商业小视频之一。

病毒式的关注为网页上其他内容的点击量也带来了显著提升。史蒂芬花了很多时间、下了很大工夫制作了这些有趣的视频，人们源源不断地涌来观看他的视频。自"鞋子开红酒瓶"（在"内容营销"公众号，回复"鞋子"获取中文视频）视频发布以来，YouTube 上"米拉博酒厂介绍"这一视频的点击量又增加了 1 万次。他在 Facebook、Twitter、Pinterest 以及 Newsletter 上的订阅人数都有明显增加。

这家小小的酒厂还获得了主流媒体和红酒界知名博主的高度

关注，他们惊讶于史蒂芬极富人情味的讲故事能力：

> 　　想要成为史蒂芬·科隆克那样的人应该记住的是，他花了这么多工夫制作视频，但从来没有试图利用这些视频直接推广他的葡萄酒或是品牌。他只想让视频本身变得有趣，而这些视频常常跟他的品牌没有任何直接关系。如果观看的人想要了解更多，他就邀请他们访问公司网站。

刺激分享的学问

　　从这个例子里我们能学到什么？这当中是否藏有热点密码的基本元素呢？这么一个小小的酿酒商都能用他的"鞋子开红酒"视频使内容得到病毒式的传播，你能否做到呢？

　　我们无法预料某个内容会不会得到病毒式的传播，但是史蒂芬的视频提供了一些寻找热点密码的线索：他的视频乐观、有趣、实用，正如一名红酒博主所说，它的特点就是"有人情味"。而这些视频，是史蒂芬在花了近 3 年时间锤炼讲故事的技能、培养忠实粉丝群之后，其影响力才得以逐渐壮大。

　　那么，是否能将上述的某些元素嵌入到你的内容里，从而使情况变得对你更加有利呢？在如何增加内容分享价值的背后，是否存在一门学问呢？

　　从之前提到的三个不同案例中，我们可以收集一些线索，帮助我们找到引爆热点的密码。

　　社交媒体的商业用途主要有四种：监测和研究、响应客户、扩散信息、树立权威观点。后两种用途直接关系到你的内容能否被人所接受。因此，大多数的社交媒体营销要想发挥作用，必不可少的就是社交分享或者说传播。

　　接下来，我们将对热点密码的六个关键要素进行明确的定义。是不是很激动？其实我也一样！

第二章

热点密码

> 如果雨再不停的话，大坝就会决堤。
>
> ——鲍伯·迪伦

本章主要介绍如何在极速发展的数字世界里实施内容营销策略，在这里，我将揭晓热点密码的独特元素，并在之后的章节里逐步展开。

但是，我得先聊聊汤。

"汤？"你问道，"我买这本书是为了学做汤？"

相信我，我要通过肉汤这个故事告诉你们，在这个信息爆炸、竞争激烈的时代，营销人必须从不同角度思考内容和营销策略。

我的朋友罗伯特在闹市区开了一家专门做汤的餐馆。他有个绝妙的主意，就是与当地一位车店老板合作，每周四为那些潜在客户提供免费的美味汤品作为午餐（周四靓汤日）。车店老板觉得，在汤上花点小钱为客户的体验埋单非常划算，事实证明他的想法是对的！每到周四车店里就挤满了来喝靓汤的客户，效果非常好。

但好景不长，另外一位车店老板反应过来了，他发现免费午餐的巨大优势，于是也开始在每周四提供免费三明治和沙拉，与罗伯特的汤势均力敌。他甚至还把妻子亲手做的饼干拿来给大家当甜点。

罗伯特和车店老板突然发现周四靓汤日的客户大为减少，大部分客户都抛弃了味道平平的汤，转而投向了竞争对手那里。车店老板对罗伯特说："看看这是什么世道！汤都没人喝了。我们需要更多更好的食物！牛排！龙虾！甜品自助！从这周开始，给我弄最豪华的美食过来！"

现在罗伯特该怎么做呢？他的资源有限，除了汤之外什么都做不了！难道他的靓汤事业就此打住了吗？有没有一种能持续有效的策略呢？

发掘未饱和的内容地带

从这个小故事里，你可以看到一个类似内容饱和环境的例子。想要在高度竞争化的市场中获得巨大成功需要花费极高成本。同样地，随着内容竞争在特定市场中逐渐加剧，它不可能持续不变地适用于所有行业……尽管客户喜爱那些免费食物！

顺便说一句，目前看来，做汤的罗伯特还没有被淘汰，他可以再找其他营销者一起合作，继续卖汤。他还可以尝试新的卖汤方法，例如把汤打包，方便人们外带。但有一件事情很明显：不管使用什么策略，在一个高度竞争化的环境中，保持现状是肯定不行的。如果你身处的行业正面临着内容饱和的可能，你就需要想办法改变这场游戏。

尽管全世界都面临着内容供应过剩的情况，但这并不代表大家都没有出头的机会。其实在很多行业，供应过剩尚未发生，客户仍然在渴望有用的内容。如果你正身处于其中某个市场，就不必担心未来可能爆发的内容休克了。实际上，你的工作就是制造内容休克！

在没有热点密码的情况下，唯一可持续的内容策略就是找到未饱和的细分市场，然后通过大量的内容占领互联网，让搜索引擎只为你的信息服务。最后你将成功排挤竞争对手，制造内容休克。这个策略总结起来非常简单：

（1）找到未饱和的细分市场。

（2）针对相关客户（或人群）持续生产一定数量的高质量内容。

（3）永远不要停止生产内容。

在早期阶段占领未饱和的细分市场具有极其重要的价值，因为搜索引擎会对网站长期以来在业内树立的权威性进行持续的抓取和优化。一个博客界的前辈曾告诉过我，用内容占领某一领域较长一段时间后，就很可能在未来数年内都能排在大多数搜索结果的顶部，即便后来他再也没有写过其他博文。

什么是内容饱和指数？

马科斯·谢里登是一位企业家，同时也是一位内容营销理念的先行者，他创造了一个理论术语来描述上述情况——"内容饱和指数"。虽然博客是他的社交媒体阵地，但他的经验涉及所有内容形式，他在一篇博文中这样写道：

> 人们关于一个行业或某个细分领域写的内容越多，你的博客就越难从中取得突破，更别提获得成功了。而如果大众在网上很难找到某个行业的内容，那么关于这个行业的博客就很容易脱颖而出。

> 我给你举个例子说明一下这两种极端的情况。那是2009年3月，我开始给我的游泳池公司写博客。当时，只有不到20％的网站流量来自"自然点击"（即从自然排名的搜索结果进入），其余的都是点击一下就要收费的"定向推广"。在6个月内——每周发两到三次博客——我们的访问数有了很大的提升，自然流量出现了显著增长。这段时间，由于流量的增加，我们的领先优势开始扩大，销量也有了很大提升。

> 仅18个月的时间，博客就带动我们的网站跻身游泳池行业精英级。这一成功也促使我们放弃了过时的广告，变成了内容营销界最炙手可热的企业。

> 要不是当初游泳池行业的内容饱和指数那么低，我们就不可能获得成功。换言之，因为太多"游泳池卖家"对在网

站上发布大量内容服务潜在客户不感兴趣，导致了内容空缺的产生，所以像我一样的人才有机会大赚一笔。

反过来，再看看我在数字营销领域付出的努力吧。在这个专注于博客、营销和商业技巧的领域，内容无时无刻不在过时。但每天又会出现更多的内容创作者，这就导致很多博主和企业难以在市场营销等领域脱颖而出。

我从 2009 年 11 月开始运营"销售之狮"博客，当时我理所当然地以为自己是对的，就像当初在游泳池行业的行为一样正确。但是我错了。

第一年，博客发展得非常缓慢。事实上，直到 2011 年初我才醒悟过来，开始把更多精力投入在网络上，之后才终于有了起色。很幸运，我当时并不靠"销售之狮"吃饭，否则我早就破产了。

那么，怎样才能知道你的细分市场是否已经达到内容饱和了呢？分析学专家克里斯托弗·佩恩在他的著作《蓝色营销地带》中回答说：免费的方法不准确，准确的方法都是昂贵的。其实不尽然。

免费又准确的方法

让我们从最基础的部分开始——简单的搜索引擎，这是一个非常适合在初期创建内容饱和度指数的方法。打开电子表格准备记录数据，或者用纸和笔。然后输入你所处的行业和"博客"一词，为了更具代表性，我们以马科斯·谢里登的行业——游泳池为例：哇——800 多万条搜索结果（见图 2—1）。显然，这个领域已经出现了内容休克。不过，虽然关于游泳池内容的表层空间已经饱和，但我们还可以深挖一下，如果专注于某一细分市场呢？海水泳池怎么样？

图 2—1

只有 8 680 条结果（见图 2—2），比之前那个内容量巨大的领域要好得多。既然海水泳池的内容空间尚未饱和，而我们恰好也

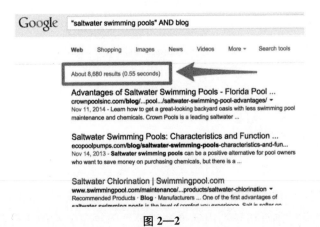

图 2—2

想专门经营海水泳池的话，那么机会就来了。现在你可以重复刚才的做法，尝试为你的事业找到其他潜在机会，比如嵌入式泳池、玻璃纤维泳池、水泥泳池、外凸式泳池，还有其他各种泳池类别，相信很快你就能找对路子。

昂贵但更准确的方法

很多付费的社交媒体和搜索优化工具都能更好地估测某个特定时期的可用内容，这比统计搜索结果更有价值，因为你能从中了解某个特定话题达到内容饱和的速度有多快。

以 Sysomos 公司的监测工具 MAP 为例，它能凭借过去一年的搜索话题量来查验博客内容。"游泳池"是热门的内容话题，而针对海水泳池的内容则有很大的机会占领市场份额（见图 2—3）。

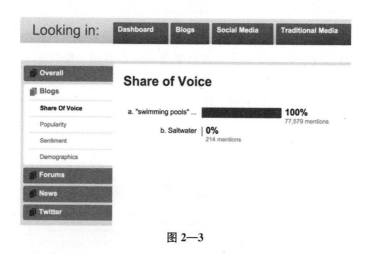

图 2—3

尽管在指定时间内，Sysomos MAP 和其他高端的监测工具能很好地预估细分市场的内容饱和指数，但决定怎么做还得看你自己，因为这取决于**你是否有足够的资源在细分市场中给竞争对手制造内容休克。**

饱和准则

那么，怎样才算是"饱和"呢？就像前面的案例所示，一个细分市场中的信息密度越大，人们就越难创造出那些无须推销、无须推送、无须做广告就能脱颖而出的内容。以下是潘恩总结出的一些简要的饱和准则（以谷歌搜索结果作为内容饱和度指数参照）：

● 如果反馈的搜索结果不超过 1 万条，就一定要全力以赴冲刺到搜索结果的前面！一旦发现内容密度很低，你的机会就来了！

● 如果搜索结果在 1 万到 10 万条之间，那么你可能会面临一些阻力，但是通过微小的投资、出色的内容以及本书中提到的一些热点密码元素，你就可以克服这些阻力。

● 如果搜索结果在 10 万到 100 万条之间，这个阻力就比较大了，只通过创作内容来参与竞争几乎没有胜算。但应用热点密码策略则可能成为突出重围、继续提升的首要方法。

● 如果搜索结果超过 100 万条，那么这个细分市场就已经完全饱和了。除非你的内容可以通过大量投入变成产品，否则内容休克可能会让你所有的努力付之东流。在这种情况下，热点密码策略是你唯一的选择。

掌握细分市场的内容饱和程度，对于了解热点密码公式是否作用于市场至关重要。如果已经有人在细分市场上占据了主导地位，那么即使你付出很大努力，也很难顶替他在搜索引擎上的排名，当然，这并不是说就完全没有希望。

在内容竞争相对不那么激烈的环境中，本书的策略毫无疑问是适用的。如果你够幸运，已经占领了一个内容尚未饱和的细分市场，那么你就有机会抢占搜索引擎的顶端排名，本书会帮你进一步扩大与竞争对手之间的优势。

但是，如果你在市场中处于下风，感觉像"游戏快结束了"一样，别担心，本书将为你提供内容引爆策略和全新的竞争机会，帮你渡过难关。

成功应对信息过剩

我们来看一下，内容引爆策略如何在最绝望的营销环境中发挥作用。

我曾经应客户要求，在极度困难的条件下提供营销策略。当时，他享誉全球的品牌正准备进入一个全新市场，而那个市场由三个竞争者占领，内容已经高度饱和。在内容营销方面，其中一个占领导地位的竞争者已经占领了每个平台、每个主题，甚至每种内容形式，想要获得竞争资格简直是天方夜谭。

经过几个月的详细调查研究后，我为这家公司提出了三个方法，帮助其获取一些发展空间。

1. 关注次类别

竞争对手忽视了那些即将进入市场，并迫切需要此类产品的全新人群。当研究到这一部分时，我发现了一扇敞开的大门。竞争者并没有针对这类人群的内容，而我们准备提供专门针对他们的新内容，以占领这些缺乏服务的渠道。

2. 探索不同种类的内容

首先在 YouTube 上尝试提供不同种类的视频内容，成功圈定一批长期的固定粉丝，内容大致可以分为三类：

● 日常型内容（hygiene content）：这类内容主要针对日常问题，受众可以通过这些内容了解你的品牌，并在他们需要的时候主动联系你。这是一种专业且简短的内容，在自然搜索结果中非常容易被搜到。例如家得宝公司推出的 DIY 系列"如何……"视频。

● 聚拢型内容（hub content）：日常型内容可以帮你吸引受众，而聚拢型内容则被用于维护这些受众。这类内容可以是关于一系列深度话题的文章，或者是一个连载的故事，能让你的受众有钻进兔子洞的欲望，进而留住他们。或者也可以是一些"常青"内容，吸引人们不断阅读。例如阿迪达斯为旗下户外产品推出的那些引人入胜、惊险刺激的冒险视频。（在"内容营销"公众号，回复"冒险"获取中文视频。）聚拢型内容可以提升内容订阅量、增加参与度、培养品牌兴趣，甚至还可以增强品牌忠诚度。

● 英雄型内容（hero content）：英雄型内容一般是比较出众、有戏剧性且大胆的内容，它超越了普通的网络作品，能实现蜂鸣式的病毒传播。例如耐克为庆祝世界杯，制作的规模宏大的视频。而最近的一个视频"Winner Stays"（在"内容营销"公众号，回复"胜者"获取中文视频），更调皮地抓住了校园足球运动员的梦想，这群年轻人在视频里变成了他们最爱的国际巨星。当然，这种内容很难制作，跨国企业耐克斥资百万创造这个英雄内容，就是为了促进大众对品牌的认知，并主导世界杯话题。这个视频成功获得了上亿的播放量。

在之后的章节里，我们还会继续探索"3H"内容，并揭示它们如何与第八章的社交分享发生关联。但目前，我们更重要的是了解每种内容如何在整体的品牌创建计划中发挥作用。抢占立足之地的其中一种方式，就是在竞争对手弱势或遗忘的领域创造内容。当我的客户与三个竞争对手同时对抗时，我们发现，在日常型内容这一块存在缺口，我们可以占领这一领域进而获得更好的搜索优化结果。

3. 关注社交传播

大多数公司都会犯这个错误：他们仔细地检查了填满内容的爆竹，却忘了引爆它。正如我在第一章里提到的，你的内容如果静止不动的话，是不会起作用的。人们必须看见它，关注它，分享它——否则你就是在浪费时间。不要只是单纯地创造更多的内容，你应该把重点放在如何让内容凸显出来，只有这样，你才能够在信息过剩时代制造出强大的营销力量。

这就是本书接下来所要谈的内容。在想法与洞察力、推广与生产力、受众与行动力的碰撞融合中，你将成为一位专家，助力内容冲破这堵信息过剩的围墙。

引爆策略的经济学

除了提供新的策略选择，热点密码的六个元素在以下四个方面还存在一些经济优势：

（1）你将从高品质内容的初期投资回报中获得成倍的收益。

（2）基于数据库，你可以找到更高效的内容生产方法，并提高成功的概率。

（3）通过在内容传播的过程中建立核心竞争力，你将创造独特的竞争优势。这就好比当竞争对手还在划火柴时，你的营销方案已经注满火箭燃料了。

（4）你可以省下做广告和推广的费用，通过有效的内容传播来提高品牌知名度。

热点密码的六个元素

正如前文所说，好内容并不能确保成功，它只是帮你在赌桌上占位的赌注。我并不打算在这里分享网络写作和制作史诗级视频的窍门，因为这些话题在别人那里已经有了很详尽的论述。现在我要做的，是开辟新的领地。

首先，这场比赛的起跑线是：你需要好内容。

让我再说一遍：你需要好内容。但是，有了好内容之后该怎么做呢？

问题的答案就在热点密码里。热点密码是混合了艺术、科学和魔法的产物，它包含以下六个元素：

● **品牌建设**

● **粉丝和意见领袖**

● **分发、广告、推广和搜索优化**

● **权威性**

● **嵌入"分享基因"**

● **社会认同和社交标记**

假设你在初始阶段就拥有好内容，再加上持续地围绕这六个元素努力，你就有机会破解热点密码了。尽管很多厉害的专家已经零零散散地写了很多关于这六个元素的内容，但这里是第一次把完整的热点密码放在一本书中呈现。

在后面的章节中，我们会对每个元素进行详细的介绍，但是关于整体计划的执行还需要你自己决定。毕竟，适用于每个人的简单策略是根本不存在的。

● 通过网站出售多种商品的企业一般要侧重品牌建设和搜索优化。

● 律师、管理咨询师或会计师可能会着眼于树立权威，并建立大规模的粉丝群，他们的潜在客户就在粉丝群中。

● 处于高度竞争的国际市场中的企业可能需要在推广和广告上加大投入，从而将自己的信息扩散出去。

● 博主在创作博客的初期可能会注意维护六个元素的平衡，但最后往往会专注于撰写高度可分享的内容和建立伟大的个人品牌，借此收获狂热的支持者和商业利益。

因此，本书的最佳用法就是，认真沉浸到这六种元素里，找到与自身情况匹配的契合点。想要在事业上取得进展的你，并不需要把每种元素都践行一遍。针对你的实际情况和能力，从中选出一到两个适用的元素，你就肯定会比竞争对手做得更好！无论是对大公司还是小公司而言，这本书里的大部分想法都是可行的。

接下来，我将从嵌入"分享基因"这部分开始，因为我相信，几乎每个企业、品牌或者个人都需要做到这一点，这是非常关键的。在内容里嵌入"分享基因"，是本书最重要的理念。毕竟，如果人们不分享，还凭什么判断内容好坏呢？

第三章

嵌入"分享基因"

> 如果一份图表发布后却没人分享，它的价值就不存在。
>
> ——布里安·索利斯

欢迎来到第三章！本章内容极具突破性，它就像是本书其他章节的调味主料。考虑到要讨论的内容较多，我们需要两章的篇幅。

在这一章，我们将对人们分享内容的原因进行分析，以便进一步推进我们的工作。下一章仍将讨论内容的"分享基因"，并将提供很多实用的建议以及可供使用的方法。

"分享基因"概念建立在前两章所讲到的一些重要原则上，让我们简单回顾一下：

- 不是所有内容都能创造商业成果，被传播的内容才行。

- 现在的竞争越发激烈，即便你的内容很不错，也不能保证它的搜索排名靠前。

● 信息爆炸使许多传统营销战略毫无用武之地，保持竞争优势的成本持续上升。

● 遵从"热点密码"，你的内容才能突出重围为公众所知。

本书的核心，热点密码的首要元素，就是"分享基因"，它为你的内容引爆创造了可能。在此要明确一下，分享与"点赞"、评论或是"＋1"不同。你要追寻的目标是传播内容，打造口碑，形成蜂鸣效应。

常被分享的帖子大都有很多人点赞、评论，但还有很多帖子常有人点赞，却几乎无人分享。造成后者情况的主要原因，是人们可能会因为支持某一政治、宗教或是哲学观点而点赞，但若是将帖子广泛分享的话，就可能令大众不满。而人们通常不愿引起反感，因此我们并不总是进行分享。

点赞不会将我们紧密地联系在一起。但是，当人们进行分享的时候，就是在大声宣告："嘿，我跟他们是一伙的，我要让全世界都知道。"可你很快就会发现，后一种情况很难轻松实现。

网络上广为流传的内容可能与其质量无关，甚至与内容本身都毫无关系。为什么你会在 Twitter 上发布一条链接、去 Facebook 上传一部视频，或是给你的家人和朋友发送一个链接？是因为搜索优化做得太好了，还是因为某个视频制作技艺高超或某个帖子内容很有趣？也许吧……但真正的原因更加微妙。

只有了解人们为什么会分享内容，你才能知道该怎样调整策略，进而将"分享基因"嵌入到正在创作的内容当中，使内容的竞争优势得到提升。回想一下你最近分享的内容，你为什么会分享它？是不是出于以下这些原因？

● 它让你看起来更酷、更智慧、更风趣或是更重要，能让你在心理上获得满足。

● 这个内容能引起情感上的强烈共鸣，它能让你笑、让你哭，或是让你觉得寓意深刻，值得与他人分享。

● 它很实用或是来得很及时。分享它会让你的朋友也受益。

● 你发现了一个新点子，等不及要第一个分享它。

● 你与作者感同身受，要用分享来表达对他们的支持。

● 它代表了一种成就。可能内容中提及了你或你的公司，转发这种内容让你感觉良好，因为它彰显了你的个人地位。

人们可能会因为上述原因分享内容。在这个信息庞杂的时代，你需要掌握和利用人们分享行为背后的心理动机，让你的内容更具优势。本章将教会你如何打造这种优势。

在我们一头扎进那些令人兴奋的创意之前，一定要记住，没有"一招鲜吃遍天"的解决方案，任何商业战略或是内容策略都不可能做到这一点。如果你的观众喜欢金·卡戴珊金句和猫咪视频，那么，这些内容资源就应该成为你引爆热点策略的一部分。另外，本书所依据的研究资料，大部分出自美国（因为大部分研究都是在美国进行的），因此你在阅读本书的时候请保持文化敏感度，要关注你所属地区和目标受众的独特喜好。

当然，根据专家们的经验和一些可靠研究，我会提供一些合理的建议，但是你一定要有批判思维，要调用自己的实践经验和个人直觉，根据你的客户需求，制定适合自己的计划。

引爆热点的突破口

先说一个坏消息：一般情况下，人们不愿意分享你的内容！

研究表明，人们一般不会分享他们在网上读到的内容，即便内容"很不错"。还有人对数百万 Twitter 账户间的交流展开了大型调查，结果显示，大部分用户都是消极的信息消费者，很少有人将内容转发到他们的圈子里。

实际上，一名普通的 Twitter 用户每接收 318 条内容链接才会转发其中一条。而 Facebook 的报告表明，会分享博文的人数只占 0.5%。这些数据告诉我们，**积极地寻找和培养这一小部分最活跃的用户，对内容的网络传播至关重要。**

一个人或是一个品牌的受欢迎程度、内容的属性、粉丝的多少，这些单一因素都不是准确的评估依据，它们无法预测人们是否会克服消极接受信息的习惯，"点击"分享你的内容。

因此，要想成为一个高效的"内容引爆者"，你不仅需要创作内容、培养受众，还需要运用各种策略，克服受众的消极心理。通过系统的方法，找到那些喜欢并愿意分享你的内容的人。在当今的数字营销界，这可能是最容易被人忽略的一点。

分享心理学

怎样才能让人愿意分享你的内容？关于这点，早就有很多天花乱坠的言论了。但是，你要真想克服受众的消极心理，使每条内容都具有"分享基因"的话，就别相信那些不负责任的言论，而要选择相信那些能够精准洞察人心，甚至能提升竞争优势的可靠研究。

如果说世界上有哪个机构最想要提高订阅量的话，无疑是报纸。所以，让我们听听世界上最重要的报纸之一《纽约时报》是怎么说的吧。《纽约时报》支持的研究发现，人们克服冷漠，分享他人内容主要出于五个原因：

● **实用性**。人们分享内容最主要的原因是将有价值、有意思的内容带给他人。超过 90％ 的参与者称，他们会仔细考虑分享的内容对接收者有哪些用处。

● **告诉他人自己是个怎样的人**。近 70％ 的参与者称，他们分享内容是为了让别人更好地了解自己，了解自己所关心的事物。其中一名参与者回复道："我尽量分享一些能够强化我个人形象的内容——体贴、理性、和善、投入、热爱某些事物——呈现出我所希望的样子。"

● **强化和培养关系**。约 80％ 的参与者在网上分享内容是为了与一些人保持联系，这是他们的唯一纽带。超过 70％ 的人是为了能与有共同兴趣的人建立关系圈。

● **自我成就感**。70％的参与者愿意分享内容是为了增加他们的参与感。分享并获得积极的回应，让他们觉得自己很受重视。

● **讨论理想或是品牌**。超过80％的参与者称分享内容是为了和他人一起讨论他们所认同的某一理想、某个公司或某个观点。

当你阅读这份清单的时候，很可能会发现，分享内容是一件有意义的举动，是一种非常个人的、私密的、重要的行为。它可不算是小事。

分享内容的决定常常能表明一种关系。与信息源的关系、与工作网络的关系……甚至是某人与内容之间的关系！分享的内容展示了善意和关心，甚至反映了我们的为人。

这一切影响深刻。

一名读者最近给我发了下面这段话：

> 你的博客成了我每天早上必看的内容。我喝着咖啡，读着你的最新博文，开启一天的生活。你的博文我几乎篇篇分享，因为我觉得我们心意相通。你的观点和我的企业价值观完全契合，我觉得分享你的想法能给身边的人带来好处。

这段话虽短，但内涵丰富：

● 我的内容与她产生了情感上的联系，我成为她生活的一部分。

● 尽管我从未见过此人，甚至也从未与她通过电话，但她认为自己已经认识我，并把我当作朋友了。仅靠我的内容，我们就建立了一种亲密的关系。

● 分享我的内容能给她的朋友带来价值。同时也促进了她的自我认知，因为我的观点反映了她的价值观。这种通过内容建立的纽带非常牢固，她时常在与朋友的交流中谈到我，非常自然。

通过培养与读者的信任关系，渐渐地，我的内容具有了"分享基因"。当然，我不是万人迷——总有人取消我的博客关注。但是对于那些一直关注我的人来说，内容让这种关联更紧密了。

在接下来的几章中，我们将对这些感性的、品牌建设过程中的重要因素进行探讨。但现在，让我们先稍稍深入地分析一下"嵌入内容的分享基因"以及引爆内容背后的心理活动。

分享创造了消费者的参与感

分享内容不仅是为了增加"访问量"，这种举动实际上有助于消费者更好地处理信息。《纽约时报》专门针对人们为什么，以及会怎样分享内容做了一次调查研究，他们发现：

● 73％的参与者表示，当分享内容时，他们对信息的处理"更加深入、透彻、全面"。

● 85％的参与者表示，阅读他人分享的内容有助于自己理解、处理信息。

● 49％的参与者表示，分享内容能够将自己关心的产品告知给他人，并有可能改变他人的观点或是鼓励他人进行消费。

参与者称，分享内容的行为有助于他们更好地记住产品和信息来源，提升他们使用这些产品的机会。所以，你一旦为内容分享创造了理想条件，将有助于消费者更好地理解你，进而使他们成为公司产品以及理念的真正支持者。你将成功打造品牌实力，并创造出新的经济价值。

由此可见，让人转发你的内容不是仅靠搜索优化，或是靠"一夜爆红"的方案为网站吸引流量那么简单。"分享基因"建立在某种连接之上。你的内容必须能够满足需要，甚至反映出一种值得信任的关系。

人们的原始需求

有时候，热点内容被广泛传播纯靠运气。网上的猫咪视频多达百万，为什么其中某些点击量巨大？YouTube 上小孩唱歌的视频有上千万之多，可真正得到大众关注的却寥寥无几。这是为什么呢？

我认为我们不应该围绕"运气"来研究这些商业案例。相反，我们应该专注于那些你可以长期运用的技巧。运用这些技巧，你能够有效提高内容传播的概率。

每天，社交网络上所产生的大部分价值都不是经济价值。你的朋友在 Facebook 上打发时间是为了产生更多利润吗？当然不是。

情感是社交分享的一个巨大驱动力。当人们感受到愉悦的时候，他们会主动分享；当他们觉得恐惧和怀疑的时候，他们也会分享。IPA 数据库对 1 400 个成功营销案例进行了分析，发现纯感性内容的传播效果差不多是纯理性内容的 2 倍（31％：16％）。

人们通过社交网络获得无形的、情感的、心理的种种回报。会对它上瘾是因为我们都有渴望联系他人、倾诉以及自我怜悯等原始需求，而并非出于个人经济原因。

口碑营销专家特德·莱特在 *Fizz* 一书中认为，那些引爆内容的人，本质上都是受到了内容的驱动。"意见领袖分享故事，是因为他们渴望与人建立联系。对他们来说，分享就是回报，这是源自他们内心的想法。他们觉得，如果他们的朋友看了分享觉得你卖的东西很有趣，他们就很愿意分享。仅靠折扣或是给予回报是无法收买他们的兴趣和认可的。"

李·奥登是顶级营销公司的首席执行官，他对这一理念做了进一步阐述："营销人整天谈论创造内容的各种精明手法，有些主意确实颇具想象力——利用莫须有的资源创造各种形式的内容。但实际上，他们说的一点用处都没有。今天的市场营销亟须洞察力，而这几乎是各行各业都缺乏的一种品质。"

考虑一下"分享基因"对市场营销的意义吧：在这个信息庞杂的世界里，如果社交网络上大多数的价值创造是出于情感、自我、洞察力和个人成就感，而并非由打折优惠驱动的话，对你的市场营销策略有何意义？对许多经验丰富的营销人来说，这是一个棘手的问题，是一种具有挑战性的全新思维方式。

可穿戴内容

或许你应该从现在起，将内容当作是一条你喜欢的牛仔裤。

表面上，所有的牛仔裤都差不多。它们都是粗斜纹棉布，一般为蓝色，两条裤管、一副拉链。买牛仔裤的时候，有些人可能只关心是否划算，也就是说怎样花最少的钱以蔽体。

但是大部分人都不会这么想。他们会选择那种能够表达自我的牛仔裤。衣服与穿它的人之间有某种无形的、情感上的联系。实际上，我们生活中几乎所有的决定，包括穿什么、吃什么、开什么车，都是我们向外界的一种自我表达。

比如，美国牛仔裤品牌 Wrangler 创作了一系列商业广告，广告中美国运动员们穿着 Wrangler 牛仔裤，场景布置得阳刚、有趣、"真实"。整篇广告不谈价格、不谈质量，甚至不谈在哪儿可以买到这款产品。Wrangler 以这种方式向男士及为男士买衣服的女士推销一种形象——理想化的美国男士形象。与之类似，人们会根据这些内容所传递的理念做出选择。

作为本书的读者之一，如果你发推文或是在博客上向粉丝介绍本书，很有可能是因为书里所说与你心里所想一致，分享书中的理念就是在介绍你自己。你认为这个作者很聪明，你也很聪明，因此你愿意分享。你觉得这本书很酷，你也很酷，因此你愿意分享。这种方式正如你对牛仔裤、汽车或是某种饮料的选择一样，你认同它的表达。

你的内容会成为粉丝私下闲聊的一部分。

讲一个我自己的例子。我注意到 Facebook 上很多"酷酷的小朋友"都在看电视剧《绝命毒师》。于是我也开始观看这部电视剧，因为我很好奇，并且不想被排除在这个话题之外。

我开始变得沉迷此剧，我在社交网络上贴出看剧进度，以此表明我是这部剧的粉丝，我还把这一切当作我的社交货币。这并不是一种有意识的举动，但是这一内容微妙地成为我身份表达的一部分。对我而言，《绝命毒师》就是我的个人穿戴，就像我的牛仔裤或是我喜欢的毛衣一样。

通常情况下，消费和分享内容，创造的是情感上的，而非金钱上的满足。现在你知道问题出在哪了吧，各家公司总是千方百计地想利用内容来赚钱，而并非要为他们的受众提供情感上的满足。这一发现，完全颠覆了传统商业对内容效果的认知。

"自说自话"的一代

网络上基于情感的对话浩如烟海，其中有50％都是以"自我"为中心，这不仅仅是虚荣的原因。研究表明，谈论自我是一种根深蒂固的自然反应。哈佛神经科学家杰森·米歇尔和戴安娜·塔米尔发现，透露有关自我的信息从本质上来说是会有回报的。他们发现，分享个人观点所激活的大脑回路，就是对食物和金钱等奖励做出反应的大脑回路。这些研究人员在另外一项研究中证明，分享自我信息的能力非常重要，实际上，人们甚至愿意花钱去做这件事。

在社交媒体时代来临之前，一项针对日常对话的研究表明，日常对话中有1/3是谈论自我的内容。但是今天，谈论自我已经成了一种顽固的执念。罗格斯大学的研究人员将80％的Twitter用户归类为主要发推谈论自己的"自说自话者"。

你的公司要怎样才能加入这类对话呢？你要怎样搭上这波

"自说自话"的浪潮,并将你的内容、产品、品牌渗入其中呢?

乔纳·伯杰博士的《疯传》是有关这一主题的佳作。在《疯传》一书中,伯杰确立了创建社交货币(或称作"可穿戴内容")的三项关键策略,以此将人们对你的好印象转化到推广你和你的理念上来。

1. 发掘你的内在吸引力

你知不知道自动售卖机每年所导致的死亡人数是鲨鱼的4倍?普通人身体上有5磅重的细菌?海马实行一夫一妻制?关于这些,你很可能都不知道。因为这种信息非比寻常,所以人们愿意分享。伯杰对这种现象进行了解释:"人们喜欢成为聚会的主角,而不是破坏聚会的氛围。我们都希望被人喜欢,获得社会赞许的渴望是人类最基本的动机之一。如果我们告诉别人一件很炫的事,这会让我们看起来更有魅力。如果我们告诉别人某家热狗餐厅内藏有一个秘密酒吧,这似乎让我们看起来更酷。分享不平凡的、新奇的或是有趣的故事会让人显得更不平凡、更新奇、更有趣。"

伯杰和一名研究人员还对这个理论进行了测试,范围涉及6 500种产品和品牌,大到跨国性银行,小到当地的甜甜圈店。不出所料,他发现,各公司都存在一种"可谈论性"等级。人们喜欢谈论更加出色的品牌,例如:谈论Facebook和好莱坞电影的次数是其他非著名品牌的两倍。

AgoraPulse公司针对Facebook进行了一次"自然阅读量"调查,他们发现,8 000家公司中都存在"可谈论性"权威等级。下面是一份自然阅读量最高的行业类别清单:

（1）业余运动团体

（2）农耕/农业

（3）时装设计师

（4）专业运动员

（5）音乐界

（6）建筑产品

（7）专业运动团体

（8）摄影师

（9）动物园以及与动物相关的产业

（10）电视节目

而下面是一份 Facebook 自然阅读量最低的行业类别清单：

（1）家用电器

（2）图书

（3）电信

（4）日用品

（5）工具与设备

（6）手机/平板电脑

（7）厨师

（8）乐器

（9）工业公司

（10）陆运与航运

行业间存在一种固有的话题流行度等级。如果你处于体育、娱乐或是第一份清单中的其他任何行业，人们对你的内容会自带一种狂热的痴迷，会主动发现你的闪光点，这对内容传播大有好处。但如果你出现在第二份清单里，获得社交分享的概率就没那么大。这不一定是内容质量的原因，而是因为你的产品本身就不太容易成为人们谈论的话题。

如果所处的行业受关注度比较低，你能否脱颖而出呢？虽然这并不容易，甚至可能花费不菲，但它却是有可能的。BlendTec搅拌机公司制作的"Will It Blend"系列视频（在"内容营销"公众号，回复"粉碎"获取中文视频）就证明了这点。一个搅拌机不是啥了不起的产品，但这个品牌却通过一系列古怪的挑战——把各种新奇的事物（如高尔夫球、苹果手机）扔到自己的搅拌机中搅碎——让人感受到它的产品非同寻常、十分强大。

墨西哥风味连锁餐厅的案例也非常不错。这家餐厅专卖玉米馅饼和墨西哥卷饼这类大众食品。最开始，他们制作了一个时长为2分钟的迷你黏土动画电影（在"内容营销"公众号，回复"黏土"获取中文视频），讲述了这家餐厅的故事。电影把这家餐厅描述成是前景黯淡、反乌托邦式的快餐业沙漠中的一片绿洲，力争保持食品的原汁原味。这个视频大受年轻顾客的欢迎。第二年，该公司又制作了一个免费手机游戏和一个视频同时发布。仅在第一周便吸引了400万的浏览量（在"内容营销"公众号，回复"稻草人"获取中文视频)。

真实情况是：他们制作的所有内容都是为了卖玉米馅饼。要成为人们津津乐道的品牌并不容易，也不便宜，但是它成功了。墨西哥风味餐厅的股票和市场份额一路高歌猛进。做到与众不同的最大好处就是：你可以成功地将这种特色运用于几乎所有事情。

寻找你的闪光点，关键是要弄清楚什么东西能让你出奇制胜、让你更显吸引力，或更显新奇。在《社交媒体解惑》一书中，我提出营销策略首先应该把"只有我们才……"这篇文章做好。这是个很棘手的任务，但也是发现你与众不同之处的必经之路。

就墨西哥风味餐厅而言，在"只有我们才……"的文章中，它讲述的是一个有关健康与可持续发展的故事。这个故事要比卖玉米饼和墨西哥卷饼宏大多了，它打破了人们对快餐行业的既定思维。

营销战略专家杰森·弗尔斯认为，创造出能让人热议的内容，意味着要让人们看到后产生"太棒了"的反应。"你的内容是否因为不可思议、悲伤、神奇、美丽、聪明、能增长见识，而让人觉得'很棒'，或是让人产生其他情不自禁的反应？如果是这样的话，他们就很有可能会分享这一内容。"

2. 发起游戏竞赛

伯杰在社交货币研究中的第二点，解释了为什么地位会影响社交传播：

> 猿类会炫耀它的地位，狗会试图找出哪只是领头的，人

类并无不同。跟很多动物一样，人类也关心尊卑等级秩序，我们喜欢高高在上的感觉。但是地位的本质是关系，想成为领导首先需要有人让你领导，你要做得比别人好才行。

他提出，在内容策略中增加游戏激励或许能带动受众的传播。有些内容活动的呈现方式会让人收获成就感，比如：

- 获得一定地位

- 赢取奖项

- "最佳榜"榜上有名

- 测试获得高分

- 在视频、播客节目或是博文上被点名称赞

获得地位有助于收获社交货币和分享。毕竟，如果不能分享炫耀的话，取得成就还有什么意义呢？

投票机制也可以制造口碑。通过公众投票决出优胜者的机制，会促使参赛者主动拉票。在让别人为自己投票的同时，参赛者也是在为比赛赞助商做广告。所以，除却自己直接推销，你还可以利用比赛让那些一心求胜的人帮你推销。

"社交媒体考官"举办的"顶尖社交媒体博客竞赛"是我见过的最有意思的比赛。"社交媒体考官"是营销界的顶尖网站，上面会定期公布参赛者的博文。

"社交媒体考官"创始人迈克·斯特兹纳认为，不寻常的比赛能带来网站点击量，同时它还有其他好处：对我们公司来讲，能

认识那些善于创作内容的博主可是件好事。我不觉得承认这些与我们存在竞争关系的博客有何不妥之处。相反，当我们帮助那些有突出贡献的人成功吸引更多注意力时，整个业界都会因此受益。

"很多次，'顶尖社交媒体博客竞赛'的优胜者都向我们表示，上榜是他们的重要目标，还有人表示，比赛对于提升他们的地位和威望有很大帮助。当然，比赛也给我们的网站带来很多利益和点击量，但除此之外，还有其他的好处。首先，它有助于我们认识那些未来的意见领袖，我们希望能邀请他们参与播客节目或是在我们的活动中演讲。其次，它有助于我们与那些进入决赛的博主和优胜者建立友好的关系。最后，优胜者会在自己的网站上展示奖章，这会为我们公司带来更多曝光量。"

上述案例中，"社交媒体考官"有效利用内容帮助人们获得了地位，并极大地促进了内容的传播。

另外一个通过内容实现个人成就的常用工具就是小测验。这就解释了为什么许多依靠广告盈利的网站上都会有小测验这一栏。2014年，整个互联网获得最多分享的10篇文章中，有8篇是关于小测验的文章。分享积极或是有趣的测验结果，能给人证明自我的机会，使别人进一步了解我们是谁，明确我们所重视的东西和喜好。

麻省理工学院文化分析师雪莉·特科表示，人们对于通过测验来量化自身有一种不可抗拒的需求，而小测验刚好能满足这一点。"基本可以这么说，我们想要获得一个数据，"她说，"而小测验就能给出这个数据，它让人们有事情可以思考，有东西可以研究。"她补充表示，人们总是喜欢小测验，但是在社交媒体出现以前，我们主要是以此自娱自乐。"而现在它们被专门用来表现自我，"她说，"关键在于把它分享出去……它传达了两个内涵，即你是谁和别人认为你很好。"

因此，为你的受众设置小测验就是给他们机会，让他们能够发现自己有趣的地方，为他们创造与朋友对话的机会。而其他形式的内容就很难做到这一点。

3. 打造专属感

在网络世界，既然你希望内容能够自由传播，那又怎样发掘和利用独有资源呢？

现在，信息到处都是，且几乎所有内容都能轻松找到免费的。有些人想要利用社交网络上的稀缺资源或是优质内容直接变现，但总有其他人愿意免费提供同样的资源，击毁直接变现的美梦。克里斯·安德森在其著作《免费：商业的未来》中就表示"要对此习以为常"——你得另辟蹊径，因为人们希望互联网上的内容和服务全部免费。

互联网上有没有稀缺的东西呢？

SHIFT 通信公司的电子营销专家克里斯托弗·佩恩认为是有的。"稀缺性在社交网络上要比以往任何时候都重要。"他说，"内容可能是免费的，但我们稀缺的是时间、投入和影响。这些才是真正的热销商品、稀缺商品。比如，我的 Twitter 上有数万粉丝。我每天都收到无数 Twitter 消息、Facebook 信息和邮件问我'你好，你能不能帮我打个广告'。因为他们知道这很有效果，毕竟只有让内容传播出去才能创造真正的价值。这样看来，稀缺性仍是很重要的武器。"

另一方面，通过设置获取内容的权限会让人觉得这一内容很稀缺，从而让内容得到分享。

获得内部消息也是社交货币。它的稀缺性和专属性能够提升口碑，让人觉得自己是内部人士。一旦人们获得了某种稀缺的东西，优越感油然而生。出于这一点，他们不仅会更加喜欢这一稀缺品，还会将其优点告知身边其他人。如果人们花了好几个小时排队，终于买到了某件新的科技产品，他们要做的第一件事情就是向他人展示。快来看啊，看我拥有了什么！

作为知名博客的博主，很多人请我试用新产品和服务。我通常会忽略这些内容，因为我知道别人也收到了同样的邮件。我为什么要刻意谈论一个第二天可能会有成百上千篇博文讨论的主题呢？我要找的是一些专属的东西。我要成为一名独家内幕人士。

但有一种内容能让我驻足关注，并促成我的主动分享，那就是独特的创见。下面有三个公司的案例，它们成功使用了"独家"这一有效方式传播它们的信息：

● 当时有一家知名数字分析公司被一家大型跨国企业收购，它们的公关团队在发布声明后，立即为我安排了一次独家采访被收购公司创始人的机会。为此，我写了一篇长博文，详细介绍了这家公司以及该公司在新集团中的前景……事实就是，我传播了他们的内容！

● 另外一家公司提出请我和他们公司研发认知运算平台的团队进行会面。后来，我在博文、演讲以及授课中多次谈到这次会面和会面中所掌握的独家信息。

● 内容营销协会的乔·普利兹做了一件很了不起的事情。他将自己的报告提前发给一些博主，以便他们能够在报告正式发布之前准备相关内容。这些报告既有实用性，又有独到见解。所以，尽管他将研究报告发给了很多博主，但是我仍然可以针对其中的某些内容写出一篇独一无二的博文。

这种稀缺性/专属性的另一个作用，在未来会对内容传播变得更加重要。这就是背景分析，或者叫**精准细分**。

营销人现在可以通过先进的算法、人工智能以及数据挖掘等手段，确认哪些消费者是他们的目标受众。你可以利用精准细分来开展个性化的、有针对性的营销活动，有效满足消费者需求，进而提升营销活动效率。

每个人认同品牌的原因各不相同，他们对产品、促销活动以及服务的感受，也会随着兴趣和动机的变化而变化。精准细分试图识别出这种个性化的需求，并揭示背后的驱动因素，使你能够创作出有吸引力的、有相关性的内容。

由网络实力分析公司 gShift 的联合创始人兼总经理克里斯塔率领的团队研发了一种程序，帮助公司开发智能精准细分内容。

第一步：对话内容解构

● 分析细分受众的总体情绪。他们喜欢什么、不喜欢什么、接受什么、抗拒什么？

● 熟悉与这一群体相关的标志性品牌、产品以及服务。

● 发现与你品牌利益相关的关键信息：问题、解决方案、功能、效益。

第二步：分析掌握细分受众的对话语言

● 你的内容能够用清晰的语言解决消费者的需求吗？

● 通过搜索社交媒体和在线论坛，你能否确定这一细分受众的具体好恶？

● 你的公司有哪些关键内容、关键词能与细分受众联系起来？

第三步：创作有针对性的精准细分内容

● 根据研究指出的主题、关键点和趋势进行内容创作。

● 使用这一细分领域的表达方式和术语。

● 善用能与该细分受众群自然沟通、志趣相同的员工或是意见领袖。

掌握消费者的背景信息——他们的位置、身份、关心的话题，并创作具有背景相关性的内容，你将成功实现内容的精准投放，获得社交货币，促进内容的传播。

这个时代的趋势就是，我们所需的信息会自动涌过来，无须搜寻。看看亚马逊怎样预测你的需求就明白了，互联网很快就会以这种方式迎合你。

还有一种让专属性产生作用的方法就是创建社区，帮助消费者彼此建立联系，而不仅是与你建立联系。《纽约时报》的研究将喜欢分享内容的人总结为六种类型，这些人易于在互联网上形成社群。

● 利他型：利他型的人是那种想让人觉得自己有用、可依靠的人。他们体贴且消息灵通，分享内容的主要方式是发邮件。

● 事业型：事业型的人希望被人们认为是有价值且积极向上的。他们会分享那些显得更有智慧、消息灵通的内容，分享的主要平台是 LinkedIn。

● 追求时尚型：追求时尚的人认为分享内容是生活的一部分。这群人不太喜欢使用邮件，他们喜欢用 Twitter 和其他社交媒体平台。这群年轻人希望被人看作是有创意、能够引领潮流的人。

● 回旋镖型：回旋镖型的人靠他们从博文上获得的反馈来证明自己的价值。他们通过分享内容赚取眼球，希望自己的形象具有启发性。他们经常使用 Twitter 和 Facebook。

● 连接型：连接型的人是社交花蝴蝶，他们喜欢将各种人和思想汇集在一起。他们是规划的制定者，通常比较懒散、有创意、有思想。他们最常使用邮件和 Facebook 来分享内容。

● 选择型：人如其名，选择型的人并不跟社会大众分享内容。他们会有选择性地将内容分享给那些能从内容中受益的人。选择型的人通常使用邮件。他们足智多谋、细心、消息灵通，且希望被人认为是有用的、聪明的人。

那么怎样才能够创作出吸引这群人的内容呢？有没有可以使用的标准创作流程，让内容更可能被引爆呢？这就是我们下一章要讨论的内容。

第四章

22 种引爆热点的方法

> 普通品牌靠广告，伟大品牌靠分享。
>
> ——泰德·莱特

本章中，我们将继续探索如何在你的内容里嵌入"分享基因"，并将焦点放在马上可用的 22 种速成方法上。

根据网络咨询专家的观点，对消费者来说，来自朋友和家人的社交建议是最值得信赖的信息来源。当客户在社交媒体上分享关于你的积极观点和经历时，你在潜在客户中的信誉度将得到提升，这种方法是企业无法独自实现的。所以，你应该不遗余力地促成这种传播。

本章的基本观点是：在你的控制范围内，尽力去除每个可能的障碍，让客户找不到拒绝分享的借口！在以下方法中，你至少能找到几个立刻用得上的点子。

让我们开始吧。

1. 设置正确的按钮

抱歉，我必须把这个最显而易见的建议作为第一条，这也是最有用的建议：在你的内容主页上加入社交分享按钮。

看上去有点奇怪，对吧？我在帮一些企业制定社交媒体策略时，发现有一半的企业网站上都没有分享按钮——甚至包括一些大公司！这就意味着，这些公司拒绝了访客帮他们分享内容的机会，连一个简单的分享按钮都吝于提供。最近的一项研究发现，有分享按钮的内容是没有分享按钮的内容传播量的 7 倍。

确保你的社交按钮只需一键便能实现分享，同时千万不要只生成一个链接就发布到 Twitter 上去。我见过一些推文，里边只有一个链接，没有标题、网址、作者署名，这么做就白白失去了免费建立公共关系的机会。

我在第三章里说过，一些人喜欢用邮箱来进行社交传播，所以，我们还可以在网站上加入一个邮箱按钮。

2. 推倒那些墙

很多公司都建立了防火墙，想要获得内容的用户只能通过登记邮箱才能进入，有些甚至还要求提供更多的个人信息。

我能理解这样做的逻辑，如果我为你提供价值（你通过我的内容获得价值），那么你也需要向我提供价值（我拥有你的邮箱地址并发送服务和更新，进而获得价值）。但这样做容易遭人反感。尽管不同企业遇到的拒绝提供信息的客户数量各不相同，但研究发现，如果某个想要的内容必须在注册后才能获得，有 25%～90%的客户会选择放弃获取。在一个用户界面实验中，一家大企业发现，如果去掉先注册才能获取内容的规定，公司的营业额可以增加 3 亿美元。

如果你的企业想要引爆内容，何必非得要求人们泄露个人信息呢？那样做只会浇灭他们的分享欲望。还有一个问题存在争议：如果把我的内容和最好的想法都给了别人，自己又什么都得不到，这不等于把公司拱手让人吗？好，我们来解决一下这个问题。

在我的博客页面右侧有一个叫"策略"的提示区，在那里你可以通过指定话题找到上百篇相关博文，比如，在"最棒的实践"类别下可以阅读 180 多篇文章。同时，我的博客里还有一本免费阅读的电子书，以及大量的播客和网络论文等等，这些都是免费的。

只需几个小时，你就可以免费获得我苦心搜索的各种资源，学到每个想法和概念。每周都有人给我打电话，想请我提供有偿的博客培训。在内容创作方面，我帮助过很多大企业成立社交媒体工作室，他们经常付费请我做演讲，还一直有人购买我的《为博客而生》这本书。

奇怪吗？写博客的技巧和秘笈免费赠送，却用博客的边角料赚钱。

商业关系建立在相互信任的基础上。但是几个世纪以来，你都被时间和地域所限制，只能与真正了解你的人建立信任——而且他们极可能与你同属一个小区域。对于分散各地的企业来说，社交网站是极好的礼物。你第一次可以通过声音、观点和技术与遥远的人们建立关系和信任。但是想要获得成功的唯一方法是给他们足够的免费内容，让他们认识你，相信你。

刚开始经营咨询公司的时候，我把所有业务都放到一个区域里。渐渐地，我的公司有了起色，这完全得益于博客内容对它的推动，现如今我通过社交媒体就能与世界各地保持联系。实际上，我从未在广告上投入一分钱，换言之，公司之所以能发展，仅仅是因为我把所有内容都扩散出去了！

所以，不要再扣住内容不放了。释放它吧，推倒那些墙，见证事业的成长！

3. 有娱乐性、趣味性和启发性

人们分享小狗的照片是有充分理由的。

精神分析学家唐纳德·温尼科特发现，人生中第一个情感动作就是用自己的微笑回应母亲的微笑。对快乐幸福的渴望是我们与生俱来的天性，快乐也可能驱动我们的行为。温尼科特对婴儿"社交微笑"的研究也表明，在分享的时候，快乐也会提升。

因此，幸福是社交媒体分享的重要驱动力这个说法就不足为奇了。想一想你给朋友或网络人群分享的内容，大部分是开心的、有趣的，对吧？这就说明，还有很多和你一样的人！一项研究考察了网上被分享次数最多的文章，发现了三种主要情绪：

- 敬畏（25%）

- 欢笑（17%）

- 愉悦/娱乐（15%）

皮尤研究报告称，Facebook 中 35%的男性和 43%的女性最喜欢看的是娱乐内容或有趣的内容。

这个观点同样出现在伯杰、米克曼的研究中。他们发现，情绪积极的内容比消极的内容更容易得到传播。造成这个现象的原因比较复杂，人们会分享包含多种情绪的内容，但总的来说，保持内容的积极性更有助于分享。

AgoraPulse 公司的研究发现，在 Facebook 上分享最多的内容中还含有激励成分，其中包含以下关键词：

● 给予：报价、折扣、交易，或者能够给广大受众带来优惠的内容。

● 建议：提示，主要是关于普遍会遇到的问题，例如，如何减肥或如何选择大学。

● 警告：关于潜在危险的内容，可能影响到任何一位受众。

● 激励：励志名言，不管你喜欢与否，它们都十分有用。

● 团结：强调危险、邪恶、敌人、缘故，或个人、集体的需要。

研究还发现了一些妨碍社交分享的行为（不要这样做！）：

● 只谈论你自己

● 过于尖锐或盛气凌人

● 太隐晦或太小众

● 发一些没人能看懂的内容

● 到处求赞

4. 做长篇文章

每个营销趋势好像都在瞄准简短的内容，6 秒钟的短视频，高水准的信息图，还有 140 字以内的热门 Twitter，短内容能让信息在忙碌的世界得以分享，是这样吗？不一定。

一项研究分析了 1 亿篇网站文章发现，长篇内容比短篇内容得到的分享量更高。实际上，篇幅越长，分享量越大，在任意类别下，篇幅在 3 000～10 000 字的内容平均分享量最大。《纽约时报》的研究也确认了这个现象，电邮转寄最多的文章里，有 90％ 的篇幅都超过了 3 000 字。

短篇内容的大量存在并不稀奇，少于 1 000 字的文章数量比 2 000 多字的多 16 倍。这正是你填补空白的机会。创作长篇幅内容时，记住要把文章写得易于浏览，没人喜欢一大篇艰涩文字。试着使用列表的办法。把段落写得简短易读，在文章中凸显副标题和要点。

友情提示：在副标题中使用关键词通常可以提升搜索优化效果。

5. 关注对话，而非争议

争议无疑会引爆热点，有一些咨询师甚至建议持续制造有争议的内容作为引爆策略。有争议的内容会吸引人，就像真人秀节目通过制造争议提高收视率一样，但我认为这不是一个长久之计。

首先，我们要将对话内容、引发思考的内容与有争议的内容区分开。"有争议性"的其中一个定义是："一种长期的、引起争议的公开争论或辩论。"这里的关键词是"长期的"、"引起争议的”以及“公开”。

有时候，争议是不可避免的，但你能把争议作为一种刻意追求的长期策略吗？曾有哪个受人尊敬的成功公司把长期争议作为营销策略吗？当然没有，公司诞生的原因就是为了避免争议。大部分品牌都并非建立在消极情绪之上。一项又一项的研究发现，积极的、令人振奋的内容能在同一时间内获得更多阅读和点击量。

还有一些反对把争议作为社交传播策略的观点认为，争议会吸引错误的受众。有争议的博客内容就像一场校园斗殴，这种方式可能会让流量在短时间内增加，但是会有人为此和你做朋友吗？做你的客户呢？或者说，当斗殴结束时，他们是站在一旁还是就此走开？

但当争议与积极事件相关联时，则可以发挥最大作用。CVS连锁药店禁止店内出售香烟时，就曾引起很大反响。服装经销商Patagonia 更是建议消费者少买衣服，或买质量更好的衣服，通过倡导重复使用、修复、二次出售以及回收等倡导环保的消费理念对抗传统的商业逻辑。

6. 记住，内容里最重要的部分是标题

你想只通过一个简单步骤就把内容分享量提高 4 倍吗？靠近点儿，我告诉你个秘密：别写烂标题。

你必须精心设计自己的标题，让它兼具描述性和感染力，精确、朗朗上口并且适用于社交媒体。这一点非常重要，对很多内容创作者来说，它如此基础，却又充满挑战。标题比视频或文章的主体更加重要，为什么？因为我们活在一个充满了略读党的世

界里，如果你不能在一纳秒（十亿分之一秒）内抓住一个人，那么你就永远失去了抓住他的机会。

以下是从最优秀的博文标题中总结出来的一些好标题的原则：

● 简短，标题不超过 8 个字的内容比普通内容分享量要高 21％。

● 有描述性且准确，不要误导读者。

● 有创造性，能够在众多标题中脱颖而出。

● 列上编号或数字能够增加 50％的社交传播量。比如："从《热点：引爆内容营销的 6 个密码》中学到的 6 个不可思议的经验"。

● 能够提供有用的信息。

● 包含一个关键词或短语，让搜索引擎能够确定文章的主题，并帮助优化搜索引擎。

别让标题拖后腿，标题是文章里最关键的一部分，一定要写好。

让人温暖的话也很有用，有人研究过一年内被分享上千次的博文内容，结果发现，全球最热门的内容中，有 85％的标题是"人类"必需的，比如"食物"、"家"和"生活方式"。另外像"商业"、"技术"和"新闻"这些词只占了 14％的流量。

拟定标题时，有一个很好的工具可以用，那就是高级市场营销研究所（http：//bit.ly/headlineanalyze）推出的标题分析器免费工具。它的工作原理是，增加标题中的情感营销价值（EMV）可以促进社交分享。但我的独立研究发现，当标题过于情绪化时，社交分享量反而会降低，所以理想的分数应该在 30～50 之间。

7. 加入视觉元素

阅读一篇内容，三天之后你只能记住它的 10%，但是加入一张图片，你就能记住 65%。阅读对人类来说是低效的，大脑会把看到的文字拆成无数的微小图片来处理，必须找到组合，才能实现阅读，这个过程要花费很多时间。

BuzzSumo 的研究显示，加入图片或图表可以促进人们分享内容。还有一项研究对此进行了验证，结果表明，在 Facebook 中插入一张图片，内容被他人分享的可能性是普通内容的两倍。当然，很多品牌都发现了这个事实——Facebook 上有 74% 的品牌会在推广内容时插入图片。

在设置博客中的图片时，大多数媒体平台都可以自由为图片设置话题或提供"可供选择的话题"。为文章中的图片加入关键词或话题并不会占用太多时间，但是却可以小幅度地促进搜索优化。

8. 使用列表和信息图来引爆热点

BuzzSumo 的研究还揭示，如果你的内容里包含了列表和信息图，人们分享内容的可能性也会倍增。这是有道理的。列举型博文和信息图能在快速给出答案的同时，带给受众一些趣味性的因素。在一个信息膨胀的环境里，这种可以略读的形式可以帮助我们迅速满足好奇心。

友情提示：标题中含有数字 10 的列举型文章是最有利于社交传播的，其分享数量是相邻数字的 4 倍。除了 10 以外的列举型标题，含有奇数的分享量比偶数的多 20%。

9. 用推荐激发社交分享

在本书中，我拒绝为人们推荐特殊技术，因为技术总会过时。不过有一个小插件值得我推荐一下，它就是 LinkedWithin。

吸引别人访问你的网站需要做很多工作，所以一旦有人访问了你的网页，你一定要尽一切可能把他留住，这里有个很好的方法，就是用一个免费的小插件比如 LinkedWithin，向访问者推荐相似内容。这个插件可以在每篇内容的下方列出你的其他相关文章，供访问者阅读，这样做有四大好处：

● 能有效地复活过去发布的相关内容，为你的内容投入带来更大的动力。

● 能增加页面访问量，虽然我还未找到这一方面的翔实数据，但对我来说，LinkedWithin 为我带来了 8% 的额外访问量，这是一个相当大的数字！

● 让读者阅读到更多的相关内容，增加了沟通、关注的可能性，甚至还提高了点击进入网站业务板块的可能性。

● 能增加社交分享数量，经常有读者通过 LinkedWithin 一篇接一篇地阅读我的文章。在之后的几分钟内，就在 Twitter 上分享三四个或更多我的文章内容。

友情提示：LinkedWithin 会调用过往博文里的图片来促进访

问者点击。这是另一个持续在内容中插入图片或图像的好理由。

10. 重发旧内容

内容创作最让人不爽的地方就在于保质期太短，曾经有人在 Twitter 上这样评论我的内容："好内容，虽然是以前发过的。"可那段内容才刚刚发布两个星期！

研究表明，一篇内容在社交网络上的分享时间超不过四天，事实上，通常只过三天，内容在几乎每个主要社交平台上的分享量就都会下降至少 96%，但这种消逝并不是无法避免的。

这就有个打破"死亡循环"的例子，几个月前，我在数据中发现一个惊人的事实，我的 Twitter 账号上，总共有十万人先后对我取消关注！深入调查后，一个以前从未注意过的现象浮出水面——人们会大批量地关注 Twitter 账号并大批量地取消关注。原来如此，随便吧，反正那些取消关注的人对我没有任何影响！这只是"玩" Twitter 的人留下的痕迹。

我就这件事写了一篇很有意思的文章，并为它取了一个有趣的标题"为什么十万人对我的 Twitter 取消关注"。当然，这篇文章也很有用，它解答了人们对这一奇怪行为的疑问。

表 4—1 列举了这篇文章在不同时段的分享数据（来自 Twitter、Facebook、LinkedIn 和 Google+）：

表 4—1

发布月份	分享量
2013 年 4 月	378
2013 年 9 月	654

续前表

发布月份	分享量
2013 年 12 月	1 012
2014 年 3 月	1 144
2014 年 9 月	1 858
2015 年 1 月	2 020

怎么可能？如果大部分内容分享都会在四天后消失的话，这篇文章为何会反复被人们提起，甚至几年之后还有新的粉丝关注呢？

相关性内容和实用性内容中有很多潜在的分享契机，这类常青内容可以回答客户的大部分常见问题，而且几乎永不过时。例如，"妈妈慢跑者"的博客上关于正确使用慢跑婴儿车的常青内容。对她的客户来说，这种内容在几年之内都是相关且实用的，当新的客户寻找这类内容时，它还可能被再次转发。

这就是我该做的事。我发现"为什么十万人对我的 Twitter 取消关注"这篇博文很受欢迎，于是我每个月都把它的链接发到 Twitter 一次，让我的受众阅读。每次这样做，我都会收到更多的评论和分享，非常多！

很多公司都无视这个明显的技巧，因为他们觉得发"旧"内容很奇怪。但实际上，你应该把常青内容看作一种投资，它们是公司资产的一部分。如果你给农场买了一辆拖拉机，或者给水暖公司买了一辆新卡车，你绝不会把它们放在一旁不去使用，对内容的投资也是一样，要用它！

分享你最热门的常青内容并不困难，也没有对频率的要求，每月发一次就差不多了。如果你的内容库里有足够多的好内容的话，你甚至可以建立一个内容日历，对推广时间进行规划。

11. 确定最佳的内容发布时间

不要被列举"最佳发布时间"的文章给骗了，实际上，最好的发布时间很容易受到各种因素的影响，你要做的就是找到适合企业和受众的最佳发布时间。

既有观点可能会告诉你，LinkedIn 上发布内容的最佳时间是周三，而 Facebook 的最佳时间在周一。但真实情况是，每一个垂直领域分享量达到峰值的时间都是不同的，下面是关于不同行业分享时间的示例：

● 关于汽车领域的文章分享量在周三达到峰值。

● 一般的商业文章在周二的分享量最多。

● 健康行业的文章在周二和周五的分享量达到顶峰。

● 与食物相关的文章在周一被分享最多。

● 每个领域在周末的分享量都比较低，很少能获得超过 9% 的分享量。

当然，如果你打算在竞争对手尚未涉足的领域随时发布新内容的话，就可以忽略以上示例。我有个博客好友，完全无视周末最低关注量的规律，选择在每周日发布文章。他的逻辑很简单："既然所有厉害的博主都在周一发内容，要想突出重围的我，就必须在内容不那么多的时候发文。"很明智的做法，他在一周内的某天找到了不饱和的内容机会！

12. 重复使用内容

常青内容是一台多用途的耐用机器，可以重复使用，为受众创造出新的信息形式。例如对其进行一系列的改写、编辑，或者作为一份特别报告提供给受众。你还可以把常青内容变成演讲、网络论文、视频以及邮件等其他形式。

你可以把一项研究或数据转化成信息图，再从信息图转化成视频，上传到播客，再把播客里的文字转写成网络文章，最后在媒体上刊登出来。每一种形式的内容都可以经过非常小的额外投入，转化到不同的媒体上。这种做法意味着你会有更多内容传播给新的受众，而花的时间却更少。

有一种手段能够获得惊人的效果，它把我最热门的"旧"内容变成了 SlideShare 上一个精彩纷呈的演讲。我的原始博文《六个问题带你掌握社交媒体策略》一共获得了 7 000 次的页面访问量，但发布到 SlideShare 之后，同样的内容被人们看了十万多次！SlideShare 是 LinkedIn 旗下的公司，由谷歌进行高度索引，具有广泛的教育资源，供大量网友免费使用。在那个演讲的结尾，我号召人们购买《社交媒体解惑》，然后通过追踪链接，就能知道收获了多少点击量。

最棒的一点是，通过在新渠道中重复使用旧内容，我接触到一个新的受众群，他们从未见过原始内容。我只需非常小的开发成本，就开启了新一轮的社交分享。

下面是其他一些方法，教你几乎不用成本就能重新使用或再次引爆热点：

- 对已有的 PPT 演讲进行复述，并将其转化为 YouTube 视频。

- 从视频中提取出音频，将其发到播客中。

- 将文章整理成不同的主题，制作成实用的电子书或用户指南。

- 使用博文里的内容作为书中章节的开头。

- 将列举型文章转化为信息图。

- 将信息图发布到 SlideShare 或 Pinterest。

13. 关注反馈和评论

社交传播的另一种重要形式就是反馈和评论。评论可以提供强有力的"社会认同"，而社会认同可以成就或摧毁一个企业，这个概念会在第九章详细说明。简而言之，当我们不明真相时，往往会依靠各种迹象做出决定，社会认同就是这些迹象的合集。评论就是其中一例，如果我们对一家企业从不了解，往往会凭来自大众的内容，决定是否购买它的产品。

对很多企业来说，当消费者做决定时，网上的评论就是一种高风险的内容。比如，购买汽车的消费者越来越多地依赖于 Yelp 和其他汽车测评网站，尼尔森有一项报告称，84％的人承认网络评价影响了他们购买汽车的决定。这些汽车评论员在 Twitter、Facebook 和其他平台获得的反响，几乎与名人一样，甚至超过名人。

所以，该策略的关键是拥有一个坚如磐石的内部流程，确保客户愿意写下评论。很多一线的销售人员觉得督促客户写评论非常尴尬，这可以理解，但是你可以通过一种让客户觉得舒服的方式说出来，例如："公司非常重视客户之间的推荐，请您花一点时间在 Yelp 上向朋友和家人推荐一下我们好吗？"这是一个很好的内部流程开端，但也仅仅是个开端。

以下是一些通过 Yelp 和其他评论网站改善社交传播的方法：

● **指派专人负责计划的实施**。这个人对你的网络声誉负责，同时让整个公司的基层员工全都参与到这个计划中来，对社会舆论做出监测和回应。

● **使用标志和标语**。为你的客户和公司员工植入传播意识，在店内各处呈现"请在 Yelp 上点个赞"的提示，包括销售办公室、客户等候区、客户服务区和付款处等。给客户发放卡片，提醒他们在 Yelp 上能找到你的公司。还要记得在工资支票、维修单以及收据上都印上标语，培养客户和员工意识。

● **联系你的狂热粉丝**。几乎每个销售人员都认识他们，尤其是那些跟了你很长时间的粉丝。请粉丝分享一篇诚实的评论——不要强迫他们写表扬的话，按照实际情况写就可以。很多品牌都没能在企业网站和社交媒体上完成良好的形象塑造和品牌宣传。其实，人们喜欢受到关注，喜欢被特殊对待——你所倾力服务的客户很可能会成为品牌的有力支持者。另外，在网站上展示客观的评价可以提高你在潜在客户中的信誉。

● **考虑在你的博客和社交媒体上举办每周之星客户节目**。从满意的客户中选一位，以他为主角，根据他与品牌的故事和亲身经历创作内容。

● **每月举办员工竞赛**。没有比奖金更好的激励方法了！比如，如果月底某门店能获得 20 条评论，企业就可以获得一定声誉，而那个门店的员工就可以得到奖金。

● **记录获得五星好评的员工**。可以在月度销售例会上给他们发奖或进行表扬，而其他员工看到这些，也会想努力获得奖品或表扬。

14. 实用至上

我在第一章讲了米拉博奇迹的故事，一个酿酒厂的老板史蒂芬·科隆克，用一段 29 秒的"鞋子开红酒"视频创造了 YouTube 的历史。

可那并不是什么绝无仅有的内容，它甚至不是原创的，这种小技巧在 YouTube 上早就有人做过很多次了。而且米拉博的这个例子并没有遵循任何关于情感或讲故事的规则，但它仍然非常成功。它令人惊讶，执行简单，没有过多的炫技，但是非常实际，是一个很有用的小贴士。

乔纳·伯杰在《疯传》一书中解释说，"今天，直接帮助别人的机会非常少，现代的城市生活把我们和朋友、邻居隔开了。我们住在道路的尽头，或者住在高高的公寓楼里，几乎不知道隔壁住的是谁。"

"但是，与他人分享实用的内容是简单而快速地帮助别人的方法，即使我们不在同一个地方。即便远隔数百公里，父母也可以给孩子一些有用的建议。传递实用的内容可以加强社会关系，使朋友能够知道我们了解他们，关心他们。我们为自己能发挥作用而感到欣慰，是分享加固了我们的友谊。"

人们喜欢帮朋友省钱，因此，在内容中加入惊喜的价格或优惠可以促进内容的传播。毫无疑问，这种促进朋友感情的优惠越多，或者内容越独特，对传播就越有利。

精选是另一个提供实用内容的好方法。对一些行业的、职业的或人们感兴趣的、有价值的内容进行精选或总结，可以节省人们的时间，因为你已经为他们做好了筛选工作。在制药行业，对外科和内科的重大突破进行总结，可以很好地与医生建立联系，并为其提供真正有用的信息。有些财富管理公司精选了全球金融信息，这让全球性的投资变得不那么复杂。你也可以寻找机会对任何感兴趣的内容进行精选或总结。

15. 学习有效地使用＃标签

＃标签可算是社交媒体史上最重要的创新了，看似普通的＃标签已经在网络中自成体系。它是社交媒体组织信息最重要的途径，也是了解趋势、内容和想法的关键方法。＃标签已经悄然走进流行文化，现在众多品牌利用＃标签的宣传随处可见：广告、电视节目、公告牌，甚至体育赛事的大屏幕上都能见到它们的身影。

＃标签还能把人们组织起来。使用同一种＃标签的人们可能会成立一家公司，或者主导一场激发创新的辩论，甚至能策划一次推翻政府的行动。＃标签是沟通一切的基本元素，无论是抢险救灾还是文化基因。它们也是热点密码方程中的重要成分。研究发现，加入＃标签可能会让某个议题的社交传播量增加 70%。

以下是♯标签引爆创意的一些例子：

● Charmin：2013 年，卫生纸品牌 Charmin 在 Twitter 上创建了一个♯标签♯tweetfromtheseat（在座位上发推），借势推广给在厕所使用社交媒体的用户，这一群体数量惊人（40% 的青年人——这还只是敢于承认的人数！）。它能成功的关键包括使用了可操作的语言（♯标签以动词作为开头，告诉粉丝应该做什么）；内容有趣、滑稽。最后，它在超级碗中收获了巨大的推广量。

● 愿望成真基金：几年前的某一天，全世界都爱上了一个 5 岁的抗癌小战士迈尔斯，人称"小小蝙蝠侠"。当天在愿望成真基金和 16 000 名演员及志愿者的帮助下，旧金山成了哥谭市，而迈尔斯也化身为超级英雄，从邪恶力量的手中拯救了这座城市。"旧金山小小蝙蝠侠"话题吸引了众多粉丝，后来，这个故事持续发酵，在全世界 117 个国家获得约 17 亿的关注量。一些名人如克里斯丁·贝尔、本·阿弗莱克和小甜甜布兰妮都加入了"旧金山小小蝙蝠侠"的话题，甚至连奥巴马总统都在 Vine 上给迈尔斯发布了一段 6 秒的加油视频（在"内容营销"公众号，回复"旧金山"获取中文视频）。愿望成真基金的这次事件给网站带来了巨大流量——在高峰时达到了每秒 1 400 次点击。而这个话题之所以能起作用，源于它推广了一个感人的故事，而这个事件经过精心策划，由数千名志愿者共同推动了热点的引爆。

● DiGiorno 披萨：一个喝醉的实习生有可能在橄榄球比赛中管理 @DiGiornoPizza 的 Twitter 账号吗？实际上，DiGiorno 披萨标新立异的♯DiGiorNOYOUDIDNT 活动是精心策划的。这个点子是为了将 DiGiorno 推广给那些新受众，尤其是 Twitter 圈里 NFL 的活跃粉丝。为此，DiGiorno 的员工在 NFL 比赛中持续发推直播，并且即时与橄榄球粉丝互动。由此可见，这个活动之所以能成功是因为它即时、幽默，并且与受欢迎的体育赛事相关。

16. 让它看上去更美观

你的内容是否值得被分享的一个重要指标是，页面看上去是否足够美观。当晚宴吃精致料理时，你肯定不希望看到塑料盘子上盛着一块牛排和一包番茄酱，同样地，受众也希望优质内容看上去就很优质。

每件事都能表达一定的含义，如果你没用合适的容器来盛装内容，分享就可能被扼杀在摇篮里。你的网页是通往世界的大门，也是人们决定离开还是留下来继续了解你的第一印象。

要记住，社交分享通常是自我认知的延伸，如果你的网站很优雅，人们会觉得分享它的行为也很优雅。如果你的网站看上去没什么用，那么……是时候做点改进了。

另外，你知道最近有多少客户通过移动设备访问你的网站吗？用谷歌分析工具得到的结果可能会让你惊讶！所以，请确保你的网站已经做过优化，可以在移动端服务客户。内容用户往往会在瞬间决定分享行为，如果分享很难完成，或者你的分享按钮在移动端中不明显，你就将错失那些宝贵的机会。

17. 专注于品牌的新研究和新想法

记住，很多读者分享内容是因为其中有帮助他人的内在价值，关注研究中与之有关的新见解、专家观点以及振奋人心的新创意，这些将引发人们的分享心理。

同时，这也是内容创作的灵感源泉，当你看到一项非常引人入胜的研究时，尝试引用它，提供正确的链接和出处，然后给出你自己的论述：

● 你从这项新研究中学到了什么？

● 这项研究能激发何种新想法？

● 研究是否正确，或者其方法论是否存在问题，需要你强调一下？

● 这些研究怎样才能实际应用到你的行业中去？

● 是什么让你惊喜？又有哪些没有意义？这项研究是如何提供新世界观的？

通过你自己的语言传达给最热情的受众，能让原来的内容变得更有价值。

18. 鼓励评论

愿意对你的内容进行评论的人，往往也愿意把内容分享到自己的主页上。因为他们为评价你的工作花了时间，他们想让全世界都知道！所以鼓励评论也就是鼓励社交分享。

下面是一些鼓励人们写下评论的方法：

● 以问题作为文章的结尾，人们不喜欢开放式的文章结尾，所以很可能会通过回答你的问题来完成这个闭环。

● 特别要求别人写下评论。在第七章我将提到评论和社会认同的重要性，我还邀请了一些朋友和同事为我写下评论。评论会激发新的评论，当人们发现自己在评论区并不孤单时，他们会更愿意留下自己的想法。

● 在博文中提到那些拥有大批粉丝的意见领袖，并在文章中加入他们的内容链接。意见领袖可能会因为自己的内容链接被别人引用而感到奇怪，但是不用怕，他们很可能会因此分享你的博文。

● 注意潜在的评论者，给行业里可能对你的内容感兴趣的人发邮件。你需要这个机灵的办法——因为你不能光在一只羊身上薅羊毛！如果他们相信你和你的请求，你几乎肯定能得到一个评论或分享。

19. 抓住人们害怕错过什么的心理

很多人沉迷于长期在线，因为他们是社交控或是害怕"落伍"，抓住这种恐惧可以促使人们点击或分享内容。

这有一个利用恐惧的例子：马克和安吉尔·切尔诺夫有一个非常棒的博客网站 www.marcandangel.com，他们在上边发布励志内容，并定期通过社交媒体进行传播，获得了数十万次社交分享。他们写得最好的内容之一是一篇叫作《不要对自己做的 30 件事》的博文，获得了 50 万个点赞，2 万次 Twitter 转发，以及数千条社交网络的分享。

他们还写过一篇类似的文章叫《应该为自己做的 30 件事》，但是更负面的《不要对自己做的 30 件事》得到的关注更多。他们说，负面的词比如"不要"、"避免"、"别"常常反响更好，他们认为，究其原因是每个人都想知道他们做了哪些不该做的事情。

20. 让读者为帮助别人而传播理念

这个想法来自我最喜欢的报纸《纽约时报》：为了解什么内容会流行，神经学家在人们听到新理念时，对他们的大脑进行了扫描。然后，当这些人把听到的新理念讲给别人听时，科学家再观察哪些理念得到了传播，哪些没有。

你可能会猜，人们会传播最好记的理念——那些能刺激大脑记忆区域的理念，但事实并非如此。大脑中预测流行的区域与社会认同区域相关联——都是关于其他人的想法。当某些理念刺激了大脑的上述区域时，人们会更愿意积极踊跃地谈论它们，而这些理念也就会持续地得到传播。

"你可能认为人们会积极传播自己感到兴奋的内容，"来自密歇根大学的艾米莉·法尔克博士说，"但我们的研究发现事实并不都是这样，能够吸引别人的内容可能是更重要的传播动力。"

阿比盖尔·波斯纳是谷歌公司的策略规划总监，她把这种需求叫作能量交换："当我们看见或创作了一个令人振奋的图像时，会把它发给别人，希望带给别人一些能量和激情。每件礼物都承载着赠与者的精神，同样，每个图像都提醒着我们和其他人，我们是活跃的、开心的，充满了能量（尽管我们不总是这样）。当我们对收到的图片和视频点赞或评论时，就是在向发送者回送礼物，我们是在肯定他们。但更深刻的是，这个分享的'礼物'促进了能量交换，这种交换会放大我们的快乐——而快乐是我们的固有资产。"

21. 在文章中加入"分享至 Twitter"选项

这是一种有趣且简单地增加 Twitter 转发的方法，不少免费服务都可以帮你在博文中嵌入"分享至 Twitter"选项。挑出文章中最好的话语，将它们粘贴到"分享至 Twitter"处。在你的文章中插入具有吸引力的选项可以鼓励读者轻松点击，并用 Twitter 分享有意义的内容。

22. 加入你的个性

在接下来的两章，我将探索两个相互联系的热点密码元素——建立优质粉丝群和塑造一个伟大的品牌。这两个因素都需要与作者、品牌或公司保持特别的情感联系，并通过相关内容展现出来。

在今天，想要在网上出人头地，你必须做原创。想要做原创，你就需要把自己的个性注入到内容中去。让我们来做一个快速的测试，看看下面的标题，你更想点击和分享哪一个？

● "Twitter 上的五个常见错误"或"我在 Twitter 上遭遇的最大灾难"。

● "三个玉米食谱"或"玉米如何拯救了我的枯燥晚餐"。

● "关于三台新服务器的测试"或"我是如何无可救药地爱上云计算的"。

如果你像大多数人一样的话，就会选择上述例子中的第二个选项，尽管这些文章是用来发布在企业博客上的，但后者标题透露着一些个性的、独特的、启示性的信息。第一个标题可以是任何人写的，但第二个只能是从某个特定真人的角度写出来的。内容是为人们创造的，创造一些只有你才能创造的内容吧。

　　以上这些方法应该够你忙活几周的了，但这才刚刚开始！如果你不去主动寻找并培养那些引爆热点的受众的话，你的内容分享是不会得到优化的。现在，就让我们用热点引爆策略去创建愿分享你内容的优质社群吧。

第五章

如何创建一个
精英社群

> 艺术家们能够获得天价合约就是因为他们有粉丝，而不是因为什么别的原因。
>
> ——泰勒·斯威夫特

要点燃引爆计划，内容只是火柴，你还要找到实际执行的人。为此，你需要凝聚一个优质粉丝群——一个位于社交食物链顶端的精英部落，这是成功的基石。谷歌的研究表明，这些最忠诚的粉丝传播内容的概率要远高于普通粉丝。

先讲一个简短的案例，用来揭示公司在调动网络受众积极性时会遇到的严重问题，为之后的讨论做一个铺垫。

脆弱的社交媒体关系

几年前，我做了一件从未做过的事情，请求我的社交媒体粉丝捐款支持一个慈善项目。之前，我一直在支持这个为市中心儿童提供心理辅导的慈善团体，可就在关键时刻世界金融危机来了，他们的预算被迫减少。谁都知道在互联网上募捐是一件很难的事情。我在《影响力回报》一书中详细记录了这件事，并列举了一些案例说明即使是具有名人效应的意见领袖，仅靠社交媒体向粉丝呼吁捐款也难以成功。原因就是社交媒体关系不紧密，不牢固。我们可能会愿意帮人点个"赞"或是出于善意偶尔发条推文……但是让我们掏钱包？这可不行。一般情况下，这都不会成功。

因此，我知道我的呼吁很可能会失败，而且万一连一分钱也筹不到的话，我就可能在大庭广众之下难堪。但是，在我面前有一项急需帮助的慈善事业，我决定遵从内心，冒险一试，寻求帮助。

我写了一篇博文，讲述我与这些孩子之间的故事，并完全依靠社交媒体请求大家捐款支持慈善。募捐的结果让我大吃一惊，一周之内，我居然筹集了 6 000 多美金。当我在圣诞节前把支票交给慈善团体的朋友时，我感到非常的自豪和快乐。

这次成功让我很受启发，因为我意识到，要不是我多年努力培养了一个忠实的、全情投入的粉丝群，这一切根本不可能发生。毫无疑问，正因为我之前对他们有所付出，才能获得今天的回报。但是，抛开这些来看，我们就会发现，促使粉丝采取行动真的是件非常困难的事情。

我的慈善呼吁博文得到了 750 次分享，但实际上只有 92 人捐了款。可见，真实数字就是有 650 多人鼓励他人捐款，自己却一分未捐。

看吧，脆弱的社交媒体关系真是一个巨大的挑战，上述只是其中一个例子。很多公司和满心期待的新博主常常错误地以为庞大的粉丝群就等同于力量，但实际情况并非如此。

在现实生活中，我只见过这 92 位捐款人中的 80 位。通过见面，我将这些"脆弱的"关系变成了"牢固的"私人关系。跟我建立了牢固关系的朋友，平均捐款为 65 美元。而与我仅有脆弱关系的人，平均捐款为 15 美元。

这就意味着在我的 70 000 名粉丝中（当时的数量），只有 12 位我不认识的人在看到捐款请求后，采取了行动。转化率还不到 0.02%，所以这很可能是你能想象到的效率最低的销售渠道了。

还有比它更惨的。

曾有位粉丝超过 10 万（还有一位粉丝超过 50 万）的重量级自媒体亲自参与造势，为慈善募捐。我估计他们在 Twitter 上的影响人数超过了 300 万。而这轮密集造势活动促成了多少捐款呢？1 美元！

这位"意见领袖"在 Twitter 上的转化率是三百万分之一，真是一个让人伤心的数字。但是，如果你了解社交媒体粉丝运作情况的话，就不会对此感到惊讶了。当我亲自请求粉丝捐款时，那些由于长期的信任关系跟我建立了感情的粉丝——我的优质粉丝，会响应我。而那两位意见领袖在 Twitter 上发文就像把一个漂流瓶扔进死水一般的大海里，不会激起任何反应。因为意见领袖和受众之间没有任何关系。

虽然这一结果有点令人沮丧，但我们还是要回过头来审视现实，梳理背后的原因。首先，要创建可以在互联网上传播的内容，这是真正的力量之源，也是我所拥有的唯一能作用于捐款人的影响力之源。想象一下这个我们都拥有的巨大潜力吧！2008 年，我靠一篇博文，在 48 小时内就募捐到了 6 000 美元。这一切超酷的！

所以很显然，并非所有社交媒体粉丝都是一样的。从上述案例中，我们可以得出三点经验：

● 最初通过社交媒体与受众建立的关系是脆弱的，它们无法促成受众行动。

● 与受众建立情感纽带和关系，可以帮你将他们转化成可调动的优质粉丝。

● 影响力不只取决于粉丝数量的多少。

不要将"活动"与粉丝混为一谈

千万别以为只要关注社交媒体分析、监测以及客户关系，就能知道谁是你的优质粉丝。所有社交媒体数据都可能会误导你——因为这些数据展示给你的只是很窄的、非典型的一面。

研究显示，人们从社交媒体听到的内容里，有 90％ 都来自那些最活跃的用户，但这些人占比还不到总人数的 30％。他们与那些占比很大却保持安静的人（这些可能是你最重要的优质粉丝）有着根本的不同。但请不要误将安静当成无足轻重。**虽然他们很少在网上发布状态，但其中的绝大部分仍可能是你最忠实的粉丝，他们可能会通过更加私密的"黑暗"模式来分享你的内容，比如短信、邮件以及口头交谈。**

那些喧闹的社交媒体爱好者当然不能代表你的全部粉丝。这是我的经验之谈——那些社交媒体雷达完全扫描不到的人，却经常在外面悄悄地用各种方式传递着我的内容，推荐我的书，分享我的理念。我在第十一章里会针对这一现象加以详细讨论。

引爆内容的力量

现如今，只要勤奋，每个人、每家机构都有机会从零开始建立自己的粉丝群体。出版商、编辑、麦迪逊大街上的广告总裁们都已经无法再左右你。我们都有能力打造自己的优质粉丝群，进而凭借内容在网上产生影响力。

但并不是每个人都会利用这一机会。皮尤研究中心的报告显示，只有 46％ 的成年互联网用户是在网络上张贴原创图片或视频的"创造者"。而在网上积极传播内容的人则更少，只有 41％。

毫无疑问，互联网原住民，或者称之为"千禧一代"，拥有更加积极的内容分享习惯，到 2020 年他们将占到受众总人数和总劳动力的 50％。科技专家预测，千禧一代会将社会带入一个前所未有的、热衷于披露个人信息与分享信息的新世界。事实上，互联网原住民已经开始在社交网络上分享信息了，而且这种行为会一直伴随他们的成长历程，直至成家立业。这对你来说是一个绝佳消息，因为你现在看的这本书能让你了解"热点密码"，了解这种分享的文化。

优质粉丝是你可以依靠的热情支持者，是一个稀有群体。但是，你怎样才能找到更多的优质粉丝来壮大你的事业呢？

树立可靠的影响力

现在有一个历史性的机会，就是将内容当作数字世界的连接点，帮你与客户建立联系，进而创建优质社群。

自从无线电发明以来，在过去的一百年里，企业已经习惯了使用广播。但在那之前，我们可能并不知道它。直到 20 世纪 20 年代，当首个商业无线电台被引进大众广告理念，持续了几个世纪的市集文化就一去不复返了。广告令人着迷的魔力是生意成功的关键——信任、忠诚、信用、服务、信誉这些价值观通通被搁置一旁。

时至今日，广告所造成的眩晕劲儿已经过去，我们的客户正在促成那些社会价值观再次回归。在新的数字文化中，内容创造了点燃关系火花的机会。通过一点一滴的交流，让人们知道你在那儿、你关注着他们、你在研究新东西、你在解决问题。你可以通过这种以受众为核心的信息传播，用内容帮助客户解决问题，并通过换位思考、给予反应以及真诚的帮助迅速与客户建立信任。

你的受众越是关注你的内容，你就越有机会深化关系，在未来某一天这些关系可能会开花结果，发展成一种双向的、建立在忠诚和信任基础上的情感纽带。

营销的首要目的是要影响消费者，影响他们的购买行为。社交媒体是实现这一目标的绝佳工具：只有这种形式的营销，能够在购买过程的各个阶段都影响到消费者，从他们进行产品比对开始，直至购买行为发生。最终他们的消费体验和评价还可以持续影响其他人。

爱迪生研究室近期的一份研究报告显示，美国 57％的社交媒体用户在 Facebook 上关注某一品牌只是因为他们喜欢这家公司，并无其他原因，而这种喜好能产生很有影响力的结果。这份研究报告还宣称，在通过社交媒体账户关注某一品牌后，三分之一的用户会增加对这一品牌的购买量。

谷歌的一项调查研究认为，优质粉丝是"投入的受众"，并称那些真正在意品牌内容的人购买意愿更强烈。

每天都在社交媒体上关注某一品牌的人，与那些一个月才留意一下该品牌动态的人相比，前者产生的购买量很可能是后者的两倍。并且，这些客户对于品牌的价值远不止购买那么简单。通过扮演布道者的角色，他们能推动品牌形象的塑造。

请将这些投入的客户当作品牌的布道者。他们愿意了解你所提供的内容，并代表你去捍卫、宣传或是放大品牌的影响力。实际上，他们可以明显提高品牌在社交媒体上的关注度。品牌支持者极大地带动着媒体影响力：**支持者较多的品牌与支持者较少的品牌相比，每次活动所能收获的媒体效应要多出 264％。**

这些品牌支持者都是很投入的受众。你应该在关键时刻通过社交媒体与他们交流，将他们变成最有价值的客户——忠实的客户。这样一来，他们不仅会一次又一次地购买你的产品，还会鼓励其他人也这么做。

现在，你明白优质粉丝有多重要了吧？对许多公司而言，这无疑是最宝贵的资产，但是，又有多少人意识到了这种力量呢？

开发专属粉丝群

杰弗里·罗尔斯，销售力量公司副总裁，写过一本书叫《受众》，书中描述了"专属粉丝群"的重要性。他是这样阐述的：

> 所有内容营销人都疯了。每天都有花一辈子也消化不完的内容被制造出来，而我们付出这么多努力的目的是什么呢？就为了制造更多的内容吗？

> 这么做是因为我们在跟自己打赌。打赌我们可以创造出比别人更好的内容，进而影响到客户、潜在客户和其他具有影响力的人，他们对公司而言都是很重要的资源。由于考虑到只有生产出最好的内容才可能胜出，我们把99％的精力都投入到内容创作当中。然后我们点击"发布"，开始等、等、等……

> 我们集体得上了"粉丝假想失调症"，都着了迷似的相信出色的内容能像磁铁一般将我们所需的粉丝成功吸引过来。然而，内容发布不是出版发行，没有粉丝培养方案的内容营销策略根本就不是什么策略。

> 不存在让你的粉丝数量翻倍的灵丹妙药。相反，你需要利用生产出来的每一条内容去努力发展壮大你的粉丝群体，这个群体需要持续培养。

培养粉丝是内容营销的重要组成部分，光把 1% 的努力放在这上面是远远不够的。在进行内容创作时，你的心里必须想着粉丝和你要做的事。

在《受众》这本书里，罗尔斯列举了三个理由，解释了为什么这一重要理念会被营销界普遍忽略：

● **专属粉丝群的概念是新的**。在互联网出现以前，专属粉丝群一直隐藏在某个遥远的大型主机数据库里。而今天，专属粉丝群活跃在我们数据库内外，并通过各种公共的、私人的渠道彼此相连。

● **我们总是关注渠道管理而非粉丝培养**。很多公司有 Facebook、Twitter 和 YouTube 战略，但是很少公司有全面的"专属粉丝群开发"战略。于是，营销人一头钻进了具体的战术讨论而将对战略重点的讨论束之高阁。

● **渠道仍在进化**。支持专属粉丝群的各种渠道尚未得到充分的发展，无法给营销人提供简洁、连续的投资回报率测评。除了一些积极粉丝所交流的八卦内容，营销人暂时无法给公司高层提供更多的信息。

要明确一点，公司专属的优质粉丝并不被公司所拥有，因为粉丝是无法拥有的。只要粉丝想，他们随时可以离开。不管是博客、手机软件，还是邮件订阅，粉丝总是可以随时离开。

尽管你不能拥有他们，但核心粉丝仍然是你专属的，因为与他们交流的权利只属于你一人。

网络咨询师兼作家杰·巴尔将这群人形容为铁杆粉丝。一般情况下，一旦将内容放到网上，你就永远不会知道它是会石沉大海还是会生根发芽。但是，面对优质粉丝，你就会很清楚地知道，他们很有可能会对你的信息作出反应，甚至有可能采取相应的行动，因为这是他们主动要求的。

优质粉丝画像

在社交渠道上拥有大量粉丝会让你觉得自己举足轻重，但是盲目追求粉丝数量的行为其实是自尊心在作祟，你需要回过头来，花点时间找出并培养那些真正重要的受众——优质粉丝。

这可是一个精英群体。一次针对知名博主进行的调查显示，优质粉丝数约为该博客总访问人数的 5％。Facebook 的研究也表明，经常分享某一公司内容的人约占该公司受众总人数的 5％。

现在我要给你们介绍我优质粉丝群中的一位精英成员——肖娜丽·波克。肖娜丽是美国最受人敬重的专业公关人之一，同时也是肖娜丽·波克咨询公司总裁兼总经理。她还在约翰·霍普金斯大学授课，在网上发布博客、言论，等等，是公共关系监测领域的专家。

最开始，通过在 Twitter 上的共同好友，我们知道了彼此的存在。在一次营销会议上，我们进行了面对面的交流，渐渐地，这种联系变成了牢固的关系。多年来，我们进行过数次合作，她当过我的博客嘉宾并为此写了一篇博文，我也曾受邀到她在纽约组织的一次客户活动上讲话。

肖娜丽每天都会分享我的博客内容，甚至还为此设置了自动分享，实际上，她变成了我的粉丝。想象一下：作为一名公关界的专业人士，她以一种宗教般的信仰，将她的个人声誉押在我的内容上。

朋友们，这才是真正的优质粉丝——真正相信你的粉丝，会陪你到天涯海角的粉丝。怎样才能形成这种密切的关系呢？用她自己的话来说就是：

> 我认识到了一点，那就是，如果你身处公关或是市场营销界，那么参加一定的社交活动是有必要的。在我的行业，这是对服务供应商的基本测试；如果潜在客户认为我们的社交不够活跃，就很少会考虑把我们作为合作伙伴或是服务供应商。因此，我必须找到某种能够与客户建立关系的方法。

> 我找到一个软件服务能自动分享别人的内容。截至目前，我这么做的时间还不长，因为并不是每个人的内容都很连贯。当然，我们都有不顺心的时候。但是，每当这种时刻，我们仍要确保内容的可信度和连贯性。这就意味着我必须绝对相信别人所提供的内容质量。

> 这个时候，我发现了你的内容。你是我为数不多会分享全部内容的几个人之一，因为我信任你。即便我已经关注你的博客很久了，但你发布的内容仍然经常让我眼前一亮——不仅有你自己原创的，也有你转发别人的。读了你的博客之后，我经常会想"为什么我就想不到呢"。迄今为止，还没有一篇博文让我觉得"不行"。我并不总是留下评论，因为当我看到你的博文时，你已经有很多条评论了。但我确确实实是看

过内容的。考虑到我现在并没有充裕的时间来获取更多内容，我必须利用那些我信任的人的内容，而你就是这样一个人。

你经常在博客里讲你付出了怎样的努力来壮大粉丝人数，这是我最喜欢的一点。你毫无保留地分享经验，从不轻描淡写地处理你所付出的努力。而你的努力工作所带来的美妙成果就是你的粉丝，包括我，都信任你。

因此，归根结底是要有信任。在当今的社交化世界里，这是公司成功的关键因素之一。我从你那儿得到的收获是，打造一个粉丝群需要：（1）创造出好的内容，让人信任的内容；（2）定期分享他人的好内容，这样人们就会相信你不只是在宣传自己；（3）积极参与社交网络活动，慷慨地给予，例如：评论他人的博客，跟人交流，而不只是居高临下地指导别人，等等。

这让我开始思考，该做些什么才能建立起你与粉丝之间的那种信任，让他们愿意毫不犹豫地分享内容呢？

信任！又是信任！

信任是发射"优质粉丝"的火箭密码。

信任能将你与那些在数字世界里对你至关重要的人紧密联系在一起。

建立这种纽带的关键不是"怎样靠耍计谋、诱惑或是提供优惠券，让客户爱上你？"，而是"你对客户有多忠实？你是否真正关心他们？"

在内容另一端的人不只是你的用户或目标受众，他们是一群活生生的人。他们可能正在经历痛苦、喜悦，也可能只是在照看了一天的小孩之后感到疲惫。也许就在建立联系的那一刻，他们刚好在某个方面需要你。在熟练运用数字战略之前，每个公司都需要人性战略。多年前我在《Twitter 之 "道"》这本书中曾首次提出，最成功的营销机构从不把自己归类为 B2B 或是 B2C，他们是服务于人的组织，每天都在努力利用这些伟大的技术将人们联系起来。

每个人都能想出办法来刺激短期的点击量，在这场夺人眼球的战争中，没有最终的胜者。但是，你可以让竞争对手们为此争个你死我活，而将自己的重心放在培养真正忠实的粉丝上，用心经营你的公司，向粉丝表明你的尊重、感激和长期的信任，甚至可以说，爱。虽然 "爱" 这个词通常不会用到商界，但是，没有它，你又怎能建立忠诚呢？也许，"爱" 才是最终的杀手锏。

如果你的重心是向粉丝展示你的尊重、感激和爱，而不是获得点击量，那么该怎样对公司进行转型升级呢？

这就是数字化营销的十字路口，当今企业的真正分化点。你可以花钱创作出不错的内容，再付费做推广。很多大公司都会用让人叹为观止的、史诗级的视频进行内容 "军备" 竞赛。但是，**光靠这些吸引来的点击量永远也无法培养出真正的优质粉丝。**

通过用户参与打造优质社群

创建社群最有效的方式之一就是让他们参与内容的创作。难道你不想在喜欢的公司 Facebook 主页打上你的印记吗？难道你钟爱的品牌在博客上承认了你的贡献并对你表示感谢后，还不能点燃你的热爱吗？

现在，几乎每个人都可以使用免费的社交媒体软件，人们创建和发布内容的障碍几乎为零。以下就列举了几个成功通过与受众互动，创建了优质粉丝群的公司案例：

● GoPro：这家公司制造了可以装在身上或是车辆上（其实装在哪儿都行），用来记录活动的小型摄像头，比如特技跳伞时装在头盔上的摄像头。"捕捉＋分享你的世界"是该公司的营销主旨。根据知名度、视频时长、反复点击观看人数以及分享量计算，GoPro 已经成为 YouTube 上表现最佳的品牌。当你浏览 GoPro 的 YouTube 主页时，你可以找到各种视频，从人自屋顶跳下来的视频到消防员救小猫的视频（在"内容营销"公众号，回复"分享"获取中文视频），不一而足。GoPro 的用户传播战略就是转发、引用用户视频并将它们上传到 YouTube 上。GoPro 不仅给真正的品牌支持者提供了一个分享激动时刻的平台，也通过 YouTube 向潜在的广大用户展示产品的使用情况。

● Fiskars 剪刀：你怎样激发人们对普通事物的激情呢，例如剪刀？答案当然是要和热爱剪刀的人一起啦！通过一年的研究，Fiskars 认为，公司有机会围绕这群热爱剪纸并热爱他们手中的工具——剪刀——的人建立一个社群。计划的一部分就是将公司的博客转交给用户——4 名最优秀的"剪刀手"，这些人成功引爆了一场剪贴运动。让公司的优质粉丝引领内容的策略，极大地提升了公司品牌知名度、用户忠诚度和销售业绩。

● Urban Outfitters：该连锁品牌成功地在社交媒体上引爆了一场"品牌与你"活动，邀请顾客上传他们穿着该品牌服饰的照片。然后公司从中选取一部分放到公司官网、Instagram、Tumblr以及产品页面上。在这些地方，顾客变成了模特，而其他的顾客也受到了这种原创风格的启发。

● J. Crew：该公司注意到，有些顾客将其最受欢迎的美德威尔包照片放到了网上，于是公司发起了一场比赛，鼓励顾客上传照片并打上"＃totewell"标签，以争取出现在公司广告中的机会。直到比赛结束之后，仍有很多忠实顾客继续在自己的社交账号和美德威尔品牌的各种社交账号上张贴照片。通过这种方式，J. Crew 公司不仅收获了很多优秀的内容，还聚拢了大量粉丝。同时它还能够帮助公司辨别出哪些是优质粉丝。

● 澳洲旅游局：杰斯·德斯贾丁斯称自己是社区管理者与"世界上最大的社交媒体团队"队长。他的团队负责把上万张粉丝传过来的图片张贴到澳洲旅游局的 Facebook 官方账号上。这些图片动辄获得上万次的点赞和转发量。他们之所以能取得这么好的成绩，主要有两个原因：利用游客创造的内容、实现社区分享。德斯贾丁斯曾对我说："我们的目的就是让粉丝成为网页的主角"。

● 美敦力糖尿病业务部：对一家制造糖尿病病情控制产品的公司而言，不可能每个月都推出新品。但是，它确实有一个很大、很活跃的用户群。患糖尿病的人想要与其他患者交流，而不想总是听某位医生的"专业意见"。于是，美敦力与这一粉丝群建立了联系，定期听取患者们的故事和意见，从而收获了品牌知名度、患者信息和销售业绩：

（1）近 300 名产品使用者分享了他们的故事和图片。

（2）超过 80％的用户授权美敦力在其他媒体上使用他们的故事和图片。

（3）公司的"分享你的故事"Facebook App 使公司的投资得到大大回报。

铁杆粉丝升级策略

可以想象，对任何行业来说，打造超级社群都是一件很重要的事。但从营销角度来看，研究力度投入最大的莫过于体育行业，因为创造粉丝就是它的饭碗。

在有关粉丝忠诚度的研究中，研究人员发现粉丝根据热情程度可分为四种：非粉、轻粉、中粉、铁粉。铁粉，也即优质粉丝，通过买票和购买相关衍生品为运动队贡献了 80％的收益，但其人数还不到粉丝总人数的 20％。

研究指出，针对这四种粉丝群需要采取不同的营销策略，力求将粉丝转化升级为铁粉。该模式强调在推动粉丝转化的过程中，要注重满足不同群体的不同需求。

针对非粉（或者说非用户）的策略是，通过宣传（这是第八章要讲的内容）来提升他们的品牌意识。你怎样才能让人发现内容呢？对他们来说尝试这个有什么价值呢？用体育营销的行话来说，就是要"进球"——让人们去看比赛。如果他们喜欢这种体验，就很有可能成为"轻粉"。

下一步就要确认哪些人观看过比赛或者曾初步体验过你的内容，然后鼓励他们增加观看比赛的频率，或是说，增加内容消费的频率。数字营销界常用的一些技巧包括提供免费的内容，比如提供培训视频、网络研讨会视频以及电子书等。作为交换，让他们订阅邮件或是订阅某一内容频道。用这种方式将弱关系转化为强关系。

随着那些轻粉越来越多地观看比赛或是成为你内容的常客，他们就升级为中粉。这些粉丝对你有一定的兴趣，且很可能已经订阅了你的内容频道。他们甚至有可能已经在社交媒体上转发了你的内容。面对这群人，你的营销目标是要增强他们的心理认同，让他们对你这个人、你的品牌或是你的公司产生更深的认同感。最后，也是最难的一部分，就是坚持。只是靠着优惠券或是电子书就让一名中粉变成铁粉几乎是不可能的。这个过程，需要你不断向他们证明，他们的付出得到了承认和回报。

实现终极粉丝的转换升级还有另外一个因素，那就是希望。

芝加哥小熊棒球队的夺冠之路一直是无功而返。他们自 1908 年以来就没有获得过一次世界职业棒球大赛的冠军。但他们却拥有世界上最死忠的粉丝，球队节节败退的每个赛季，球场总是座无虚席，粉丝们的消费金额更是高达数百万美金。

这样一个毫无建树的球队为什么会如此受欢迎呢？为什么会有人对这样一个与失败相连的品牌几十年如一日地投入呢？当然，感情上的投入是一部分原因，另外的原因就是，每年春季开赛时，至少是在赛季刚开始的那几天，所有球队都处在同一起跑线上。于是粉丝们就总是抱有夺冠的希望，今年不行还有明年。只要球队老板让球队看起来有那么一点希望，粉丝们就会坚持。

营销人可以从中吸取经验。一个知名的职业经理人曾告诉我，人们年复一年地回过头来看他的内容，就是因为他们想要成为他那样的人。"他们中的大部分人永远也不可能有我这样的成就，"他说，"但是只要我持续给他们以希望，是的，你们也可以做到，他们就会一直付费请我讲课、买我的书。"

对任何品牌而言，以下问题都很有意义：你怎样通过给予希望的方式来吸引你的优质客户和铁粉？如果你通过系统的方法吸引到了一群像小熊棒球队那样忠诚的、能够陪你走过"失落赛季"的优质粉丝，对你的公司有什么意义？

14 位社群专家的运营诀窍

截至目前，本章一直都在讲述创建社群的科学原理，但是，创建粉丝群还需要一些艺术成分，甚至可以说有一些神奇之处。我曾问过一些最成功的数字营销人他们是怎么做到的，有什么诀窍？他们是这样回答的。

> *最最重要的是，要有趣。*
> *——大卫·米尔曼·斯科特，畅销书作家，写过 10 本畅销作品，包括《营销与公关新规则》*

很多浸淫在传统营销模式中的人总是觉得应该大肆吹捧自己的产品和服务。但是，我可以负责任地告诉你，**没人关心你的产**

品和服务（除了你自己）。是的，你没听错。**人们真正关心的是他们自己，以及你怎样解决他们的问题。人们还想要娱乐，想要分享一些不同寻常的东西。**因此，要让人谈论你及你的创意，你就必须克制吹嘘自己产品和服务的冲动。相反，你要为你的受众创造一些有趣的东西。

> 创建尽可能"小"的粉丝群。
>
> ——赛斯·戈丁，营销行业作家、演说家、企业家

如果你的作品得到了病毒式的传播，如果上千万人看到了你的作品，你肯定能够因此获利。但是，大多数时候，它们达不到这样的效果。你总是力图取悦普罗大众，但你就是无法成功。

我很乐意看到有些人不时以很傻的方式试图取悦我们。但是你不一定非要这么做，因为你成功的可能性不大。

将你的目标瞄准尽可能少而精准的受众群，你的工作就会轻松得多。与相互信任的粉丝一起，你可以创造出具有长期价值、能够经得起时间检验的内容。

> 建立平等的交流。
>
> ——Sales Lion 公司总裁马科斯·谢里登

在谈到粉丝和社群的时候，有一点很关键，我认为很多人和公司都忽略了这一点，那就是：作为一名内容创作者，你的目标不是要表现得很聪明，也不是要让自己凌驾于粉丝之上，你的目标是交流。换句话说，你要做到的就是无论你说什么，他们都能点头说"噢，我明白了"。我在社群搭建方面的成功之处就在于：

一方面我痴迷于找到这样的粉丝群，另一方面跟他们进行平等的交流。

> 只对具体的个人说。
>
> ——伯纳黛特·吉娃，市场营销专业作家，著有《一个爱的故事》

在坐下来写作之前，我想到的是一个具体的人。我从不把"我的受众"当成"我的受众群"，相反，我将他们视为具体的个人，每天要工作、要生活的个人。这一做法让我意识到，我必须珍惜他们的时间，不能把他们对我的关注当成是理所当然的，我要尽力去提供有价值的东西。我会思考他们为什么会在意这篇博文的存在，这篇博文对他们有什么价值，假如他们就坐在我身旁我该怎样和他们交流。真实情况可远不止和人聊天那么简单。

> 发布内容要有情感共鸣。
>
> ——乔纳森·科尔曼，Facebook 内容战略专家

很多公司的办公室里到处都是显示屏，布满各种分析、数据、项目进度情况。但是那些内容受众的反馈情况呢？你应该把它们也显示出来。你可以围绕这些反馈情况，比如情绪、影响、评论数/每小时等等，建立评估标准，但是，在屏幕上直接显示人们的实际评论效果更好。通过建立高效的工作流程来解决问题，实时反馈，你就可以在行动中做到与受众反馈同步，收获情感共鸣。

> 不要在"应该"的时候发布内容。
>
> ——斯科特·斯特拉腾，作家、UnMarketing 公司总裁

每月？每周？每天？在下午，还是在早上？

如果你问人们应该以怎样的频率创作内容，得到的答案总是具体的时间点。过去一般是间隔两周，后来就变成了一周，现在似乎每天都要多次发布内容。一周 3 篇博文。一天 10 个 Twitter 状态。一个小时内 5 张 Instagram 图片和 1 条 Facebook 状态。发一张图片，转发一句鸡汤……

但是，当我们在 Facebook 上分享他人内容的时候，从来都不会因为"现在是星期二下午 2 点，该分享某人的东西了"或是因为"这是一幅有 10％文字内容的图片"而分享。人们分享的是情绪。当你唤起这种情绪的时候，人们才会有所反应。

而那些在你认为"应该"的时候发出去的内容只会引起别人的一种情绪——冷漠。

> 永远不要把粉丝当作是理所当然的。
> ——安·韩德利，《人人创作》与《内容守则》的作者，MarketingProfs 公司首席内容官

我认为我与粉丝和受众之间是一种价值交换，这主要体现在两个方面：

第一，我的内容对他们而言是否有价值？我发布的内容是否有用？能否引起目标受众的共鸣？或者至少引起他们当中某些人的共鸣？能否帮到他们？能否让他们显得更聪明、消息更灵通，或是得到启示和快乐？

第二，他们是否愿意与自己的粉丝分享我的内容？换句话说，

我所提供的价值是否让他们足够愉悦，以至于他们愿意分享我的
内容？

我认为这一理念的核心对所有内容都至关重要：内容发布是
一项特权，不应当被挥霍。我从纸质媒体起家，至今还记得当年
在新闻学院读书时，媒体行业的理念是"没有人非读你的新闻不
可"，这种理念一直到今天都影响着我，告诉我应该发布什么
内容。

> 将内容、人和会议联系起来。
>
> ——李·奥登，顶级营销公司首席执行官

对我来说，将脆弱的社交媒体关系转化为牢固关系的一项重
要策略就是参加会议。我会尽可能深入地参与到会议当中，甚至
会为这些活动创作专门的内容。我希望为与会者打造一次积极的、
有创意的体验，这样他们就会知道"那个叫李的家伙做的东西还
蛮有意思的"。你们可能想象不到，在未来的 6 至 10 个月时间里，
这些感慨就会变成实实在在的东西。

这些内容还会通过付费频道、免费渠道、网络、个人得到传
播，因为我们一起打造了整个会议，每个人都是其中一部分。它
可不是那种粗糙的塑料制品，相反，会议是一个超酷的、免费的、
大众的平台。它能使内容得到传播，还能加强我和与会者的联系。
在我打造社群的过程中，会议发挥了重要作用。

> 不要走党派路线。
>
> ——多利·克拉克，《福布斯》和《哈佛商业评论》专栏
> 作家、《浴火重生》一书的作者

作为一名前记者，我会尽力向读者提供"新闻"，不是之前的那种政治报道，而是更贴近那种"你可以用的新闻"。我希望确保每条内容都有比较好的卖点，让人觉得他们可以从中得到点什么。我还会尽量把重点放在那些我认为真正有意思的内容上。

对于创作的每篇文章，我都会尽力找出其中最美妙、最独特的部分，但这并不是最重要的。相反，最重要的是我所犯的错误和造成的后果，以及我从中吸取了怎样的教训。在写作过程中也是一样，我会尽力写出我经历过的挫折，比如申请奖学金被拒，或是因为被裁员才开始写书的事。正是这种真诚的态度建立了粉丝对我的信任，以及我们彼此间的联系。

> 联系社群。
> ——基尼·迪耶特里奇，Arment Dietrich 公司首席执行官

在你的内容刚开始获得评论的时候，神奇的社群效应还不会发生。当这些评论者开始彼此交流的时候，这种神奇效应才会出现。这可不是能被创造或是强迫的，它是自发性的。但你可以做些工作来推动社群的成长壮大，鼓励社群成员建立彼此间的联系。如果你肯花些时间在线，与那些能影响别人购买决策的人沟通，你将激活你的社群。而当你这么做的时候，其效果可就不仅是在交流层面了。

你打造了一支无须支付工资的销售力量。

你建立了友好关系。

你建立了信任，他们会在危急关头支持你。

你建立了一个推荐网络。

并且，你与人们建立了关系，使他们不仅会从你那儿购买产品，还会成为你最重要的宣传者。

你要从这个角度来考虑：跟你一样，潜在消费者、候选人、客户、记者、博主都希望被人关注。他们想知道他们的评论或内容是否产生了影响。他们想要你认可他的评论或内容、分享它、传播它。而你要做的，就是帮助他们实现这一点。

> 实际点！
>
> ——乔伊斯·切丽，养生栏目作家

我一直在寻找各种方式支持和鼓励我的粉丝，告诉他们积极的、不那么传统的健康生活是怎样的。我用自己的图片、经验来创建内容，有时也分享那些来自他人的有益内容。我尽量让内容真实、有用，这使我的铁粉成为与我一起生活和成长的老朋友，这一点对任何品牌都很重要。

> 打造共同梦想。
>
> ——盖伊·川崎，数字布道师、作家

想要改变世界，颠覆现状？这需要建立非同一般的关系。你需要让人与你梦想一致。

> 瞄准盟友，而非粉丝。
>
> ——克里斯·布罗根，拥有者媒体集团首席执行官

每个内容创作者都有一群很有激情的粉丝，他们不但会买你的书，还会忠实地分享你的内容。那么，你要做点什么才能吸引和培养这样一群核心粉丝呢？

首先，我不想要拥有粉丝，我要寻获的是盟友。从消费的角度来看，粉丝很了不起，但是，盟友却能够助推我的事业。我的目标是提供服务，而我要是想服务那些指定人群，就得先将他们吸引过来。我是怎样做的呢？我创作了一些与他们的兴趣、目标和愿望相呼应的内容。把我的想法分享出去，能让其他持类似想法的人找到我。这就像出示信物一样。既然我的目标是服务，我就必须展示我的"服务理念"。一旦有人知道我可以帮到他们，就会主动来到我的身边。

> 给他们一切。
>
> ——马克·舍费尔，本书作者

我想用一则关于两位著名艺术家的故事来结束本章内容，他们中的一位曾教会我怎样创建优质社群。

最近我有幸在一周内参加了两场音乐会。第一场是传奇歌手阿特·加芬克尔的音乐会。地点在一个千人礼堂，不是很大，他和一名吉他手一起表演。

他的演出非常"以自我为中心"。抱怨一大堆，甚至只因为有人打开了礼堂后门，就公开让人难堪，宣称扰乱了他的注意力。他还讲到自己曾羞辱过在他表演期间发短信的观众。在 90 分钟的表演时间里，他表演了一些著名歌曲，但他唱的不是很多，反而在这中间穿插着读了一些他自己写的诗。他不允许观众录像或是拍照，为此现场还出现了极端情况，一名保安人员居然斥责一名观众，只因为他在演出开始前自拍了一张照片。

第二天晚上，我和妻子前去观看了凯斯·厄本的音乐会。他一登台，15 000 名观众便尖叫着拍照、发视频来庆祝这一神奇时刻，那简直是尖叫声、闪光灯、视频和图片的海洋。有些人举着标牌展示他们已经参加了厄本多少场音乐会，或是他们走了多远来看这场演唱会。厄本还一度从人群中穿过、爬上台阶，以便让坐在最高处的人也能近距离看到他。一路上，他拿起手机摆姿势自拍，唱歌也没落下。在到达最高处的时候，他松开吉他，在上面签名，然后将吉他送给了一名年轻的粉丝。他在舞台上演奏、跳舞、奔跑，直至精疲力竭。然后他又继续进行了 30 分钟的表演，以确保歌单上的每首歌都有唱到。

在表演结束、灯光亮起之后，我很诧异地回过头，看到这名国际超级巨星一个人坐在舞台边上，淌着汗给粉丝签名。

我当时就想：这人对他的粉丝真是毫无保留啊！

这两位表演者之间的鲜明对比真是一堂人生大课，让人很受启发。在离开凯斯·厄本演唱会的时候我一直在想："要培养自己的优质粉丝，我要做的就是这个。在这样一个嘈杂、充满了竞争的世界，需要的就是这种精神。我必须将我的一切献给粉丝。"

你，也需要这样！

第六章

信用借贷

> 信用是生活的黏合剂。
>
> ——史蒂芬·柯维

在我们谈论"热点密码"的下一个元素并发掘品牌的内容传播作用之前，我们先要解决一个更重要的问题。如果你需要迅速获得市场营销的推动力，却又没有时间培养自己的优质粉丝群，那么，能否借用他人的呢？

影响力营销——让受粉丝信任的网络名人和专家为你的内容做宣传——非常实际，而且非常重要。随着影响普罗大众的传统营销手段日渐式微，或者说行业竞争越发紧张激烈，"借用"粉丝成为市场营销的主流策略。

这种方法非常奇妙且鼓舞人心，你可以摆脱那些权威传统的负担，通过自己的独特亮点在网络上树立真正的影响力。在网络上，没人关心你上的是哪所大学，或是你有多少钱。你可以用自己的方式与人联系，肤色或体重都阻止不了你。你行走、奔跑，甚至表达、说话的能力都不重要，因为发布信息这件事由你自己说了算。

现在，网络影响力的殿堂已经不再位于华尔街、唐宁街或是麦迪逊大道了。它可能是柏林的某家咖啡馆，也可能是威斯康辛的某间大学教室。它也可能在我位于田纳西州一个湖畔小村庄的办公室里，我正在那里写这本书。它甚至还可能就位于你现在坐着的那把椅子上，只要你连上了互联网。

很多公司都在研究如何抓住那些新新人类在网络上的谈话热点，并加以利用。这些新新人类是为数不多的网络精英，他们不但创造内容，还能引爆内容。

跟其他迅速流行变化的趋势一样，影响力营销也正在被扭曲变形，甚至几乎无法将其作为一种合法的营销渠道。对此我可以再写一本书专门介绍影响力营销的优劣，但就本书的主要目的而言，我想强调的是，只是一些重要人物分享你的内容并不一定能转化成商业上的成功。接下来，我会用一个故事阐明这一点，然后，就在你确信影响力营销不适合你的时候，我再反转剧情，讲述它又是怎样适合你使用的。我就是这么狡猾，就像是一条藏在影响力营销草丛里的眼镜蛇。

病毒传播真的有效吗？

与每个刚开通博客的人一样，我曾经梦寐以求的成功就是让一个商界巨星分享我的内容。我确信得到他的认可就会改变一切，让我蜚声互联网界，财源滚滚。进入博客圈大约两年后，让我惊奇也让我高兴的是，我的梦想成真了。市场营销界的超级明星盖伊·川崎在 Twitter 中分享了我的一篇博文。要知道，川崎在 Twitter 上的粉丝人数相当于法国总人口数。

他在某个星期五推送我的博文之后，我的博客访问量立刻猛增。与上个周末相比，查找我博客地址的人数增加了 5 倍。直接现象就是，我的服务器因为访问人数的猛增死机了，我的网站也瘫痪了。瞧瞧——我的内容得到了病毒式传播。

只要你的内容得到病毒式传播，就自然而然会影响到很多新的受众。实际上，疯狂周末的那一拨访客中有 98％ 的人从未读过我的博客（这个数字通过一个分析程序就能得知）。这些访客们整个周末都在逛我的博客。

川崎和他的粉丝与我并无关联，访问博客的这些新人在短暂的好奇心消退之后没有理由继续逗留。于是，这一流量的突增现象并没有给我带来任何长期的影响。据我了解，我的博文订阅人数一个也没有增长。结论就是：即便有超级明星引爆你的内容，你也很可能无法从中获得明显的商业利益。

既然我已经给你寄希望于名人的想法泼了冷水，也是时候让眼镜蛇猝不及防地出击了：那就是如果把工作做到位，你确实可以通过"借用"他人的粉丝，引爆你的内容，从而获得相当多的实惠。

找到真正的支持者

在我们探讨社交影响力营销可收获的利益之前，首先要明确，并不是所有意见领袖都是一样的，而且并不是每个意见领袖都适合所有的商业状况。人们容易把影响力笼统地归为一个大类，而实际上，它们是有细微区别的。在这里，我们将意见领袖分为三类，并阐明他们对内容引爆策略产生怎样的影响。

名人

花 200 000 美金发一条 Twitter，金·卡戴珊会很乐意为你的内容做推广。这种付费推广的方式可能看起来很傻，但确实管用，而且它的历史已经有 100 多年了。

托马斯·米奇是广告与公关界的历史学家，根据他的说法，19 世纪的 P. T. 巴纳姆马戏团的明星很可能就是最早一批实践付费广告的名人。"马戏团会派出最受欢迎的小丑和演员先行前往下一个演出城市，"他说，"海报和报纸广告上都是他们的样子，这一招相当有效。利用受欢迎的人物在媒体上发挥力量，促使消费者采取行动，这是最早的例子。"

在引入电影和收音机之后，技术成了新时代名人影响力放大器，公司喜欢让这些光芒四射的明星使用他们的产品。名人为产品背书越来越常见，最受大众欢迎的节目主持人和明星会在节目播送期间捎带提一下赞助商，他们以这种方式为大众媒体的娱乐节目带来资金支持。诸如强生之类的公司动辄将数百万美元打入新成立的广告经纪公司账户。而这些广告经纪公司专门负责四处签约天才明星宣传日用产品。

那个时代最受欢迎的明星，如查理·卓别林和美国棒球巨星鲁斯为各种产品打广告，从香烟到麦片，无所不包。作为一名推广者，鲁斯非常受欢迎，他的广告收入远远高于他作为一名运动员的薪水。他是历史上第一个雇用业务经理和会计来打理广告收入的人。

现如今，很多公司仍然在与明星联姻，尽管这些明星有时可能与宣传的产品并无太大关系。那么，请明星做广告的成本如何呢？对大多数公司而言，这严重超出了他们所能承受的范围。而且，与明星联姻也是有风险的，在高尔夫球明星老虎伍兹的私生活丑闻席卷各大新闻媒体和公众舆论之后，签约伍兹的众多品牌都深深地体会到了这一点。

专业领域的意见领袖

今天最受各公司和市场营销人追捧的网络明星就是专业领域的意见领袖。他们都是业界的领袖级人物，他们不断创造内容，树立权威，展现专长。他们是科技、美食、摄影和汽车博主，是发布旅行、食谱和潮流图片的 Pinterest 潮星，是拥有数百万鲜活粉丝的 YouTube 和 Vine 明星。

这些人中的大部分之所以能够出名都是因为他们的内容。但他们很可能与你的产品没什么关联，因为每个品牌都想与他们合作。有些妈咪博客仅靠品牌赞助就能获得六位数的收入，为此还特别雇用了经纪人。所以，想要让这些人支持你，很可能要付出直接或间接的代价。

不走心的营销人很可能会将粉丝数量与影响力混为一谈。而公司也很容易迷信 Twitter 或是 Facebook 上那些拥有巨大粉丝量的意见领袖们（回想一下是不是这样）。但是这些意见领袖真的能影响到那些粉丝吗？回想一下"脆弱关系"的故事，还有我在第五章中呼吁粉丝捐款的经历。答案很显然是否定的。如果仅仅依靠拥有众多粉丝，却并没有某方面的专长，也没有与粉丝形成牢固关系的话，这些人是不太可能真正促使粉丝采取行动的。

不过，虽然他们备受欢迎，日程繁忙，但相对于好莱坞式的名人，你更容易接触到这些专业领域的大咖，同时还能获得很好的品牌效应。前提是，只要你能与他们建立联系，并把他们变成——

真正的支持者

真正的支持者不需要你去说服或是哄骗。他们是真的爱你，并且无论你做什么，他们都求之若渴。这就是优质粉丝，虽然很难找到和聚拢，但是只要你善待这些优质粉丝，他们就很可能会一直支持你。

你真正的支持者可能是那些在你店里购物自拍时嬉戏打闹的年轻人，也可能是可乐瓶不离身的滑板少年，甚至是社交媒体上那些总在潜水的安静粉丝，他们静悄悄地崇拜着你的作品，并分享给他的朋友和家人。

这些人一直是口碑营销成功案例的核心。多年前，这个核心是你的邻居、当地的权力掮客、工会领袖，或是受人尊敬的商界前辈。随着国际化趋势的加剧，准确掌握这些人的身份和位置变得更加困难，但是，我们可以利用互联网数据进行各种分析，还可以利用免费或是低成本的可靠工具进行分主题、分行业和分地域的影响力关系追踪。

通过观察、了解并结合数据进行综合分析，你将得到历史性的机遇，有机会了解那些能够帮你传播信息和内容的有影响力的新支持者。

信任是可以借用的

对当今很多公司来说，通过制定计划，联络意见领袖来引爆内容是必需的。这是一项能够提供快速、可重复、可持续收益的策略。通过与意见领袖联系在一起可以获得以下好处：

● **可靠的支持**：如果你能与一名意见领袖建立长期联系，形成牢固关系，获得真正的支持，这就很有可能有效引爆你的创意和产品。Chobani 酸奶在这方面就做得很出色，它以真诚、有益的方式成功联络到了意见领袖。我的一个朋友在案例研究、案例推荐以及博文上反复提及这一品牌，就是因为他真正喜爱这一品牌。

● **快速动力**：打造优质粉丝面临的挑战之一就是它很费时——通常需要很长一段时间。如果你起点很低，又没有时间，那么让可信赖的意见领袖发布你的信息，则有可能给你的业务带来巨大推动。罗伯特·斯科布是世界上最知名的科技博主之一。几年前的一个圣诞节周末，他仅用一篇博文就让一家刚起步的公司官网访问量翻了 4 倍。

● **社会认同**：本书第九章将探讨通过联盟进行认证的理念，或者说社会认同理念：将你的品牌与某一知名权威联系在一起能有助于你迅速提高声誉。如果他们的社会形象是受人信赖的，那么你也就是可信赖的。

● **知名度**：福特在发布嘉年华品牌的时候，发起了一项叫作"嘉年华"的社交媒体活动。当时，福特挑选了 100 名有影响力的社交网络红人，给他们一人一辆车使用 6 个月。这些人在完成每月的既定挑战后，在网上发布视频，还把他们的体验写成了博客。这次活动由斯科特·蒙蒂一手策划，取得了空前的成功。通过社交红人，福特向新生代用户介绍了"嘉年华"这个在美国已经沉寂了十多年的品牌。这次活动获得了 620 万的 YouTube 播放量、75 万的 Flickr 点击量和 4 000 万的 Twitter 阅读量。最重要的是，这个活动仅凭一己之力就让一个关键群体知道了"嘉年华"这一品牌——32 000 名司机订阅了车况更新，6 000 多人预订了这款车。对于一款新的经济型轿车来说，这是一次非同寻常的成功。

● **接触新的渠道**：过去几年，新的渠道不断涌现，借此公司有机会接触到高价值的专业领域人群。可问题是，一家公司要怎样才能在这些新平台上快速地吸引和留住受众呢？胡安·苏里塔是一名备受青少年崇拜的商业天才。他通过搞笑的、极具吸引力的视频在 Vine 和 Snapchat 上构建了一个庞大的优质粉丝群。而诸如可口可乐之类的品牌通过赞助胡安，得以接触到他的百万粉丝。

● **新兴市场曝光度**：将产品与意见领袖结合可以引发新客户群的兴趣。奥迪将 A8 系列轿车引进美国市场之初，在全美举行了专门的影响力营销活动。活动针对那些知名科技和设计博主群体，而不是传统的汽车博主群体。他们认为新推出的这款具有革命性的汽车会对这些不同领域的意见领袖产生吸引力。结果，活动效果非常出色，在产生大量报道的同时，他们很快就成功建立起 A8 汽车与新受众之间的联系。

● **高性价比**：如果你的目标是曝光度，那么联络意见领袖要比做传统广告在价格上更具优势。

● **信息反馈**：与意见领袖及他们的粉丝一起测试一些想法，是对新产品和内容理念进行快速评估的有效途径。

虽然影响力营销有很多潜在好处，但是它需要战略性的、系统性的实际操作，决不能靠瞎猫碰死耗子式的运气。

软件公司 Groove 就是精确实施影响力营销战略的典范。他们新成立那会儿，真的是没有任何粉丝，也没有时间来建立粉丝群，所以他们就依赖于借用他人的粉丝。结果呢？5 周内他们就获得了 5 000 个新的博客订阅用户。他们是怎么做到的？

（1）**列出一份意见领袖名单**。必须考虑清楚哪些意见领袖与他们的目标受众相关，哪些意见领袖能够使公司获得真正的价值。这是关键的一步。大部分意见领袖每天都会收到太多的帮助请求，因此，翔实的研究能够提升成功的概率。

（2）**打造关系**。意见领袖可能掌握着通往粉丝王国的钥匙，但光靠空洞的宣传是起不到作用的。Groove 启动了一项计划，跨越关系薄弱环节，直接利用社交网络来联系意见领袖。Groove 的计划包括 Twitter、博客评论、博文分享以及邮件等渠道。下面是其他一些与意见领袖联系的方法：

● 请他们允许你在文章中引述他们的原话。

● 不断转发他们的推文。

● 在 LinkedIn 上推荐他们。

● 采访他们（音频或是视频）。

● 询问他们对某一观点的看法。

● 建立外链，指向他们的文章（他们一般会查看这一"回馈"）。

（3）**请求（第一部分）**。到这个时候，Groove 的人已经进入了意见领袖的视线范围内，是时候采取行动了。但是 Groove 并没有请求对方提供好处，而是要求获得帮助——这里边有微妙却重要的差别，因为大多数人都不会对对方真诚的帮助请求说"不"。这一请求包括建立导向公司网站的链接、提供意见反馈，并强调互惠互利。利用这一技巧，Groove 获得了 83％意见领袖的积极回应。"帮助请求"是一种更良性的请求，重要的是，它帮助 Groove 开启了与业界专家真正意义上的交流。

（4）**请求（第二部分）**。既然 Groove 已经准备好发布博客，就需要这些新结识的意见领袖朋友给予推动力量。因为这群人一直在给 Groove 的团队提供反馈意见，已经和公司的成败建立了相关性。所以，Groove 给这些新支持者发送了公司的第一篇博文链接，请求他们帮忙做推广。

（5）**结果**！不仅多数意见领袖都转发了这一博文，他们中的大部分人还去新博客上做了评论。这种反应向新来的访问者表明，这个博客（公司）很厉害、不可小觑。Groove 不到 24 个小时就获得了 1 000 个博客订阅用户。通过后续不断地发布高质量内容，仅 5 个星期，他们就吸引到了 5 000 名博客订阅用户和 535 名拟签约客户。

在这一案例中，Groove 有条不紊地建立了与意见领袖的关系，促成了后续的成功。但是，这里还有另外一股重要力量在发挥作用——提供强大的、磁铁般的吸引力，促使重要的粉丝参与你的内容创作和传播。

随着影响力营销迅速获得大众认可，它已经成为主流营销武器，而如何在这一领域取得成功的方式也有了更多选择。

建立与意见领袖的交流系统

现今涌现出的平台已经有几十个，这些平台都能为你打造专属的名人名单，帮你联系他们，培养优质粉丝。就跟 Groove 的案例一样，有了对的资源，下点工夫，小公司都能搞定这一切并自主管理这一过程。实际上，相对于业务外包的方式，自己动手可能更有优势，因为意见领袖喜欢与公司的主要成员建立直接的联系。记住，你是在建立长期关系，而不是仅仅搞一次活动。

在这个过程中，最有挑战性的部分是寻找和培养对的支持者，对于拥有上万或是上百万用户的大公司而言，情况更是如此。戴尔公司产品管理部资深主管丹德卡尔就是这一领域的意见领袖。他的哲学是：获得支持就意味着引导客户踏上旅程，这一旅途上会遇到无数路口，而内容服务就负责在每个路口引爆接触点。

对大公司来说，理解、衡量和利用社会影响力很重要，也非常复杂。要想获得巨大成功，你需要在软件的辅助下，实现所有相关数据的收集、过滤和分析。

"我们利用基于戴尔专利技术的社交分析软件,将其整合进商业活动的方方面面,"丹德卡尔表示,"即便我们每年分析的网络对话超过 150 万,我们仍能实时对每条具体的反馈进行跟踪。"

这一软件可以对 150 种不同的对话类型进行打分,最高分 11 分。它使戴尔及其他用户得以梳理大量的用户反馈,并迅速做出反应。戴尔还推出了一系列标准来帮助他们寻找最重要的支持者并准确定位他们的状况,帮助公司根据每个人的情况量身定制营销内容和应对措施。

"本质上我们是在衡量人与人之间的关系,"丹德卡尔说,"我们制定公司级战略的依据就是以客户为中心的直接反馈。得益于软件的不断更新,我们能够缩短获取用户反馈的时间和我们的反应时间。你一旦开始与意见领袖交流,就不可以突然中断。为此,拥有这样一个能够推进这些关系的系统非常重要。"

丹德卡尔称这一方法的另一个优势是可以与所有相关部门分享这些用户反馈,包括产品研发、质量管控、客户服务、企业通信,以及意见领袖的公关部门。

外包意见领袖关系管理

由我牵头为一名客户所做的研究发现,现在美国所有广告公司和公关机构中,有 85% 都在为他们的客户提供着意见领袖联络计划。在这当中,只有很小的一部分——通常是最大型的机构——研发了他们自己专属的定位意见领袖的方法。其他大部分机构都在使用普通的、任何人都能得到的软件程序和测量手段。

使用代理机构的危险之一就是：你正在把重要的商业关系进行外包。如果你指望一家外部公司替你培养这些关系，一旦该机构决定不再续约的话，你就可能失去这些关系。实际上，他们有可能还会将你辛辛苦苦赢取过来的意见领袖打包卖给你的竞争对手。

反之，外包的好处就是，很多机构拥有技术娴熟的工作人员能够帮你迅速有效地经营这种关系，这样一来，你就可以避开那段冗长曲折的学习过程。尤其是在公司资源有限的情况下，外包会显得特别有效，或者说外包是打造软实力的一条捷径。

影响力软件服务

混合付费手段就是购买一种复杂的影响力软件服务，如 Appinions。Appinions 拥有专利技术，能够扫描网络，对数以百万计的在线发布平台进行评估，寻找与你相关程度最高的在线意见领袖。这些服务花费并不高昂，却能为你节省很多工作。如果与意见领袖建立关系是你成功的关键，那么诸如此类的软件可能就是你所需要的利器，它们能够帮你迅速起步并形成竞争优势。

在阅读本章内容的时候，你可能已经想到，充当这种关系的另一端、让自己成为一名意见领袖肯定也很有趣。你要真是这么想的话，一定会爱上下一章有关热点引爆的奇妙冒险。你，有没有想过成为一个伟大的品牌？

第七章

伟大的品牌

> 当人们认为你确信的就是他们所确信的，这时候，他们就将你当成了信仰。
>
> ——迈克尔·贝·约翰逊

在第一章，我分享过一个有关内容引爆的故事——既是博主，也是企业家的克里斯那篇短短几十字的博文。这个例子似乎并没有遵循迄今为止我在书中提到的任何指导原则。可为什么这一微不足道的内容片段能在社交媒体上成为热点呢？

它与内容情感、取巧的标题、分享价值或是优质粉丝毫无关系。但是，它与创造这一内容的个人息息相关。本章将告诉你们，内容是怎样依靠创作者的个人关系实现引爆的。这就是热点密码公式中的品牌建设。

人们认为你是一个怎样的人（不要与"你是怎样的人"弄混），你就有怎样的个人品牌。人们认为你是古怪的、可靠的、有激情的、有创意的、有意思的、做事积极的，还是害羞的人呢？

这些印象合在一起组成了你的品牌。印象可能会因人而稍有差异，具体取决于他们了解你以及你公司的程度，但是通常会有一些大致的方向，构成品牌认知的基础。

你在网上说的每一句话——以及那些你没有说的话——共同构成了人们对你的印象。虽然每个人都有个人品牌，但并不是每个人都有能让人主动分享内容的伟大品牌。克里斯·布罗根就是一个了不起的品牌。他在网上的强大人格魅力与内容引爆之间的关系是怎样的呢？以下是他的原话：

> 有些人分享内容的原因只是因为他们信任你和你所倡导的价值观。我认为个人品牌有三个核心要素。它们之间相互交织、彼此关联。
>
> 首先，我就是我，无论你和我交谈时是在线上、线下、酒店大堂，还是在我演讲的前中后期，都是一样的。我认为，完整的、真实的人格是最关键的。人们总是不可避免地要去扮演另外一个人。可这是行不通的，起码从长期来看是行不通的。
>
> 其次，我认为与他人联系并为之服务是个人品牌最重要的内容。这是一个大多数人都会犯错的地方。你的品牌并不完全属于你。它是别人对你的感知。因此，我很努力地去联系、给予回应、帮助别人，告诉人们在很多方面我跟他们是相似的。
>
> 最后，个人品牌及与他人联系的关键是信息简化，这样做将有利于接收者对信息的消化和使用。我经常不断地重复

两三件事，告诉人们我的理念要领，以便让人更加容易掌握
这些内容。我做的所有工作都便于人们取用。尽管我不喜欢
被剽窃，但是我喜欢人们使用我的理念。很多时候，人们喜
欢将他们的想法复杂化，让它们看起来比实际更加重要。但
其实，简单、明了是最珍贵的，简明就是更加开放和真诚。

在优质粉丝一章，布罗根将他的核心粉丝称为"盟友"而不
是粉丝。那么，构建这种稳定的结盟关系有没有一些人人都可学
习掌握的原则呢？个人、公司或是品牌怎样才能激起人们的狂热
以至于无条件地分享你的内容呢？你怎样才能保证内容会因为你
的缘故而被引爆呢？

伟大品牌的基础：互惠魔法

品牌建设和社交传播行为中一个常见却常被忽略的驱动力就
是互惠，或者说回报的义务。无论社交网络的权力结构怎样，都
构建在微妙的感恩的基础之上。互联网跟现实世界一样，如果有
人帮了我们一个忙，我们就会有还人情债的强烈义务感。社会学
家们认为人类社会普遍遵守这一原则。

但是"现实世界"和互联网上欠的人情债有所不同，后一种
债务几乎不费吹灰之力就能创建，即便仅是在 Facebook 上点一下
赞，或是为朋友转发一条推文都可以。这些举动虽然花费的工夫
很少，却仍然能创造出一种期望，即"如果我转发了你的内容，
你就需要转发我的内容"。

"社交网络的影响力大多构建在对回报的期望之上，"艾迪森研究公司副总裁汤姆·韦伯斯特表示，"我们每天都靠相互提供小恩小惠共存……比如，你转发了我的这条推文，我就会转发你的推文。如果你为我的页面点赞，我也会为你的页面点赞。完成这些工作几乎费不了什么工夫，因此，这些事很容易达成。"

"想要更加有效地推广你的内容，首先你需要更加高效地推广他人的内容，"互联网战略家卡罗尔·林恩表示，"互联网就是一个由关系构成的经济体。要想得到，你必须给予。很少有博主或是公司在拒绝参与这一互动的情况下，还能成功引爆内容。"

"这意味着你需要用心去了解人们——其他博主、商人、评论员、订阅人群、Twitter 和 Facebook 甚至 Pinterest 上的各种关系。当你努力打造这些关系时，当你分享、推广、评论他人的作品，为他人的工作添砖加瓦时，你的存在就会为人所知晓和欣赏，于是人们就会反过来分享你的内容。因此，我认为，如果你想要在推广内容时获得更多成功，就不能仅仅关注于推广自己的内容，你还要关注他人的内容。"

作家兼媒体大亨加里·维纳查克可能是最知名的互惠理论支持者了。他经常强调的一条简单公式就是："给予、给予、给予、给予，然后索取。"这是行动中的互惠理论，这种恩惠交易有利于建立社交影响力。

加里的标志性举动就是在 Twitter 上问人们，自己能帮他们做些什么——为此他还做过一些相当疯狂的事：半夜三更送披萨，给调料用光了的人寄调料，还有个姑娘因为要吃汉堡，他就给她送去她最喜欢的汉堡。

这种推广公司的方式看似很随意，但它制造出了强烈履行回报义务的需要。只需一些几乎是免费的东西就能产生此种影响，因为我们在心理上无法摆脱偿还别人恩惠的念头。我们不是觉得应该偿还，而是觉得不得不还。

是的，有些人可能会趁机利用加里的这种慷慨，但是，大部分时候，实现互惠的概率——通过帮忙、礼品、邀请，甚至推文的方式——都是有利于加里的。

期望回报在社交网络上体现得更加淋漓尽致。社交网络上有一种回报经济，不断地驱动着义务的产生。当你开始付出时，你就创造了权威，这种权威不是你挣来的，而是你交换得来的。

维纳查克直言不讳地宣称他的策略就是"让人们心怀愧疚从而购买产品"。这能否作为一项长期策略呢？这种方式能构建客户的忠诚吗？能成功打造社群吗？能建立起长期的关系，催生出真正的商机吗？还是只是脆弱的纸牌屋？

维纳查克发现一种可持续获利的方式，就是利用受众的内疚感。但有时，打破互惠的循环也有其意义。无私的行为在社交网络上有一种强大的叠加效果，因为不仅是接受方在感受好的行为，还有数不清的旁观者也在观察这种善举，听说这种行为。

最终，互惠既能创造出长期的影响力，也能产生短期的影响。真诚地帮助别人，付出你的时间和智慧而不期望回报，更能产生倍增的效果，因为你的善意总会有人看到、记在心里。同时，这种联系和影响力能够促进内容的传播。

建立信任机制

创造一个伟大的品牌必须超越交易式的互惠。同时，我们还要与最喜欢的博主、YouTube 和 Pinterest 玩家，甚至公司建立情感上的联系，因为他们代表着我们的信任的事物。

现在你明白了吧，内容远不止是一种销售工具、一项市场营销策略，或是搜索优化背后的动力。能够随时、随地发布内容让全世界看到的能力是一种千载难逢的机遇，能够帮你以一种亲密的方式、一种真正了不起的方式与你的受众建立联系。

我们总是从那些我们了解和信任的商家那里买东西。20 世纪初的伟大品牌可能是某位夜晚骑马长途跋涉为小孩治病的医生，也可能是一名为了帮助迫切需要资金的客户而对规则进行通融的银行家，或是一名由于客户手头拮据而愿意为其加工边角料的木匠。我们与信任的人合作，并且一直支持他们。

在内心深处，我们仍渴望这些。但是，在这样一个用优惠券或是一次电视推广就能轻易提升季度销售额的世界，商家们或许已经丢弃了这一核心。但你仍可以利用点滴连贯的内容，重新建立那些伟大品牌最为关键的因素——人际关系。

伯纳黛特·吉娃就非常了解这种亲密关系的重要性。她是一位知名的市场营销顾问兼作家。"与许多内容创作者一样，我认为慷慨大方是让你与众不同的关键，"她说，"我的目标就是一直不求回报地给予。"

"我不接受赞助或是付费链接。我认为人们喜欢非销售性质的方式。他们相信我来这儿的目的是给予。这使我能够获得很多信任。当你一直给予而不索取时，人们是真的想要给你回馈的。"

"我写过一篇文章，强调要理解客户的世界观，这是改变人们认知的秘诀和创造伟大品牌的根本，"吉娃表示，"你要么相信，要么不信，没有中间地带。我认为以这种明确的方式坚持某些事情会让人们喜欢你，那些跟你价值观相同的人会想要加入你的行列。"

成为粉丝心中的英雄

很多时候，这种密切的、通过内容建立的联系并不是双向的。有人曾写信给我称："我三年前曾听过你的演讲，从那以后我一直关注你的博客。在这之前，我一直没有联系过你，但是我就是想让你知道，我是你的粉丝，我几乎每天要与同事们分享你的内容。甚至在与客户的见面会中，我们都会运用你的一些理念。我想要告诉你，我从你那儿学到了很多，我非常感激你的正直以及在这个疯狂的商业世界里你所代表的理念。"

单单依靠内容的魔力，我就能与一名从未听说过、居住在世界另一端的人形成一种有意义的、人际间的联系。这在别的时代根本就不可想象！

但是这种机会对每个人来说都是存在的。你有没有大学学位不重要，有没有重要的职业头衔、豪宅或是政界关系都不重要。

所有权力象征都不再重要。通过你真诚的努力、激情以及对内容的投入，你就能成为粉丝心中的英雄。

通过你的内容，你不仅向他们展示了你的项目，更说明了你是一个怎样的人。这就是内容生产者与为成就伟大品牌而迈出第一步的人的不同之处。比如，体育迷或是从事政治活动的人不会认为自己是在购买某件产品。他们认为自己在进行一种更高层次的活动。这种认知，加上自我意识会驱使他为团队、产品或相关人士布道，几乎盲目地全身心投入。

"斗志高昂的领导和斗志高昂的组织，不论处于何种规模与行业，其想法与行动都是发自内心的，"作家西蒙·赛内克称，"然而，大部分人在销售、营销和沟通时做的都是表面功夫。看看这个标语：'伟大的汽车来自伟大的研究。'这可不怎么振奋人心。最好的公司都是用他们研发过程中最核心的东西进行营销，直抒胸臆，直击根本。"

赛内克提到了乔布斯。乔布斯曾谈到他最不喜欢的字眼就是"品牌"和"营销"。前苹果市场营销副总裁艾莉森·强生解释称，乔布斯的想法是，"人们会将品牌与电视广告、商业化、假冒的东西联想在一起。但最重要的东西其实是人与产品之间的关系。因此，我们每次谈到'品牌'，它都是一个肮脏的词"。

"你做市场营销是为了让人们接受你，"强生表示，"如果你没有提供价值，如果你没有传授给他们相关的产品内容，如果你没有帮他们实现产品功能的最大化，那你就只是在销售产品。而这种模式并不可取。"

谁都能成为伟大的品牌吗？

杰伊·巴尔是当今市场营销界最开明、最真诚的评论员之一。作为一名顾问、演说家、畅销书作者，杰伊已经相当知名，但他同时还是这个数字噪音时代令人信服的理性声音。我们曾就如下问题进行了一次精彩的辩论：能不能达到这样一种境界——人们分享你的内容的唯一原因就是因为这是你创作的？他的见解如下：

> 每当我发表一篇博文，大约会有 125 人使用某种自动设定立即进行转发。这群人认为自动转发我的内容能够帮他们获取最大利益。有人这样信任我是件很令人欣慰的事。但我对此也很恐惧，因为自动转发这种事连我自己都不会做。

> 虽然每次打开笔记本电脑写作的时候，我都会尽力创作出好的内容，但我知道，有些内容还不错，有些内容就没那么好。正如并不是每块手撕猪肉都是最可口的，我也并不是每次工作都能达到最高水平。这群人自动分享我所有的内容，就是在间接表示我一般水平的东西仍然是值得称赞的。这令我很惊讶和担心，特别是考虑到我的认知可能会改变，我当时创作的东西可能会是错的（这经常发生），我的博客可能会因此抹黑，很多其他不可预料的事情也可能会发生，最后导致我发表的东西完全不被人所接受。

> 但这就是内容作为品牌构建元素的力量。这些人在一定程度上通过分享我的内容来打造他们自己的品牌，而他们的

分享行为也在一定程度上打造着我的品牌，同时，我也在分享他人创造的内容。这就是一个循环。而作为一个已经从中受益匪浅的人，我肯定不会武断地去指责它。

这跟一些音乐人、演员、作家受益的情况相似。只要Radiohead的新专辑出来，我就会去买，就这么简单。我会去看詹妮弗·劳伦斯的每部电影。我会读比尔·布莱森的每一本书。我们在社交媒体上看到的只是这种行为的简化版，其经济相关性更小而已。因为社交分享需要的是信任资本的投入，而不是真实的用来购买电影票、数据或是书籍的真金白银。

我认为，这个问题的核心是先天生成与后天培养的问题。是否任何有智慧、有专长、有不屈意志的人都能构建关系、创建一个品牌，让其他人自动分享他们的工作成果呢？我认为答案是肯定的，也是否定的。

我完全相信，不断地围绕人们关心的话题创作和分享好的内容，积极明智地进行内容效果的放大及宣传，任何人都能获得一定的成功。从零开始，你可以成为一个擅长于内容创作的人。但是，你能把所有拥有这类条件的人都训练成你所谓的"伟大的品牌"吗？我并不这么认为，或者说除了我自己，我一直无法为其他任何人做到这一点。

我觉得这是因为内容驱动型的成功与音乐、艺术，或者喜剧表演、高尔夫，抑或是其他个人竞争行为一样。能力是可以学到的，但是，从胜任到下一个级别（在这里是伟大的品牌）之间的距离其实要比从零到胜任之间的距离远得多。

你可以从 45 岁才开始学着打高尔夫球，然后花很多的时间、精力和金钱去练习，学习如何成为一名出色的高尔夫球玩家。你能学着弹奏很优美的钢琴曲。你能学会画画。你能成为一名出色的内容创作者，成为可靠的信息来源。但是，你能靠全心全意地打高尔夫就成为一名职业高尔夫球选手吗？不太可能。你能因为决定要弹钢琴就成功在维也纳金色大厅演奏吗？不太可能。在某个节点，天赋的因素就出现了，或者说"第三因素"开始发挥作用了。天赋是决定人是否能从很好做到最好的因素。天赋才是打造伟大的品牌所需要的东西。

加里是个很聪明的人。大多数时候，他关于商业和社交媒体的言论跟其他人说的并无不同。但是，他有自己的风格和个性，这将他与其他人区分开来——这是大部分人都没有的魅力。但这很重要。詹妮弗·劳伦斯是她那一辈人中最好的女演员吗？她很出色，但很可能不是最好的。但是，她很容易让人喜欢上她。这将她与别的名人区分开来，这一点非常重要。我比大部分以创作营销内容、提供商业建议为生的人都聪明吗？肯定不是。但是，相对一般人而言，我写得还行。跟有些人相比，我还是一个不错的演说家。然而出于一些我并不完全清楚的原因，人们比较容易喜欢我，愿意支持我。

你可以学会优秀。但是"第三因素"决定了你能否超越优秀。但是，天赋这东西完全是因环境和职业而异的。詹妮弗·劳伦斯会成为那个最容易让人喜欢的大学校长吗？我对此表示怀疑。我能在音乐界取得成功吗？很可能成功不了，仅凭我在商业界的那些小天赋在音乐界是不够的。

　　每个人都很可能具有某些方面的天赋。所以，用内容打造伟大品牌的关键不仅是"第三因素"的问题，还要找出你的天赋适合于哪个领域，然后在那儿把它发挥出来。找到一个能让你的理念与某种亚文化理念更为接近的领域。在这里，你的天赋将会使你从"胜任"提升至"伟大的品牌"。

向伟大的品牌迈进

　　如果你在一家大公司工作，关于上面的标题你可能会想："这与我有什么关系？这根本就不归我管。这些工作都是广告代理商在做。"

　　所有管理良好的公司都在力推人性化管理，强调人际关系因素。他们认识到建立在线关系不可以受年度预算波动的影响。顶尖的品牌发现，市场营销的本质已经发生了根本性的转变，因为客户的期望已经发生了变化。他们想要被当作真实的个人对待，而不是被当作目标。

　　我非常喜欢通用电气公司全球品牌主管琳达的观点。"大部分人仍然将我们的品牌与家用电器和照明联系在一起，"她说，"但是，这只是通用电气业务中的很小一部分。我们拥抱新兴事物，是一个专注于创新、发明和发现新事物的品牌。我们想要与拥抱新兴事物的人交流，只有这些人，才是可能想要来通用电气工作或是与我们合作、投资我们的人。我们希望公司变得更加人性化。我们想要敞开大门，让公司以人性化的行为做事。"

　　所以你现在明白了吧？打造一个人性化的、伟大的品牌很重要，无论你公司的规模有多大。

本章涉及的内容很多，从天赋到互惠，从影响力到"第三因素"。接下来让我们总结一下，制定一些实际的步骤，开始发现并释放你内心的天赋。

1. 确立一致性

我的博客有很多读者，他们几乎每天向自己的粉丝分享我的博文。其中有一个人是媒体达人——纽约 B 平方媒体公司的创始人布鲁克·巴拉德。关于她为什么决定经常分享我的内容，最近她把原因告诉了我：

> 对我来说，与作者的关系很重要。一开始我是通过博客来了解你的。你在博客中向读者展现了你生活的小细节。我们听你讲述旅行，听你谈论你的生活、你的家庭。如果用户们在社交媒体上一直关注你，他们就能通过这些实际描述捕获其他一些很有意思的信息，甚至画出你的整幅肖像画——只要告诉人们真正的你是怎样的。可能是因为我个人比较喜欢消费心理学和揣摩人的心理才能得出这一联系，但是真的很少有人像你那样向他人敞开自己——做到真正的透明。
>
> 对我来说，语气也有关系，你的语气与我类似。你坚信自己的信仰以及所传授的理念，但是在他人评论和表达不同意见时，你又比较理性。这有助于我分享你的内容，因为我信任你。我知道我的粉丝会从中学到一些东西，他们不会因持有不同的观点而遭到斥责。当他们有问题或是想要知道更多信息时会有人鼓励他们。你愿意回复大家对博文的评论，

这有助于他们以一种有意义的、类似朋友的方式与你联系。

我为写这本书所采访的所有专家几乎都提到了真诚、信任以及一致性的重要性。这些都是他们品牌战略的基石。记住，决定分享内容不是小事，它是自我认同的延伸。我们更愿意分享那些我们所熟知和信任的人的内容。通过你的内容建立这种信任的唯一方式，就是有勇气去展示自己，以一种真实的、有意义的方式与人们联系。

2. 做好准备工作

如果你对商界、体育界、娱乐界或是其他任何领域的大人物进行研究，你就会发现，他们投入了大量的精力去工作。如果你还只是一个渴望崛起、想要抓住热心粉丝的小公司，你就需要为了实现目标而加倍努力。

如果你想要成为所在领域的标杆，就不能浅尝辄止。你要有奥林匹克的决心。那些运动员们每天坚持不懈地练习数小时。你是否也愿意投入这么多精力呢？

3. 寻找你的"第三因素"

你不太可能是一个真正的名人。如果你是，我肯定愿意听听你的故事，然后讲给我的妈妈听。你也不太可能会成为一名真正的名人。但是，你有可能成为行业的标志性品牌。

这个问题不太好说，要对其进行界定就更难，但各个领域了不起的领袖人物总是能引领风潮。如果你还在把新的、充满创意的理念用在老套的做生意的方式上，你怎么可能独占一方呢？

在电影里，我们喜爱的英雄人物总是充满勇气。如果看到他们克服逆境获得社会地位，我们就会更爱他们。（蝙蝠侠、超人、蜘蛛侠全都是孤儿！）内容、品牌和勇气之间有着很重要的联系。

要在网络上脱颖而出，你需要原创的东西。要原创，你只有一个选择——找到勇气，进行深入挖掘，在内容中注入一点你的个性、一点你的创意。你没有其他竞争者，这里只有你自己。

4. 运气在哪儿

大多数标志性人物一路走来都有过好运气，最常见的是遇到人生伯乐，发现他们的潜力，并愿意帮助他们。所以，不要害怕与人联络、寻求帮助，特别是当你与该领域的知名标志性人物有联系时。

5. 成为一名服务领袖

虽然互惠是强大的社交影响力引擎，但是我认为，"给予"才是领袖级战略，作家兼企业家詹姆斯·阿尔特斯对其进行了很好的阐释。他在播客上采访了80名"标志性"人物，并对他们的共同点进行了研究。

"我认为他们对设定个人目标并不感冒，"他说，"但是我采访过的每个人都想要为大家解决问题。你每天怎样付出不重要，你付出多少更不重要。但是，他们都想要付出，而最终，他们获得了回报。"

"没人仅凭一个好创意就能取得成功。每个人的成功都是因为他们在关系圈、朋友圈、同事圈内建立了各种网络……所有人都朝着各自的目标奋进，彼此信任，彼此合作，帮助彼此取得成功，而成功只需时日。这就是为什么'给予'能创造一片更加广阔的天空，因为你永远无法预料未来几年会发生什么。"

我采访过的市场营销领袖们的另一个共同话题，就是提升你的受众。"不无讽刺的是，想要培养粉丝、提升品牌，关键是要提升你周围的人，"市场营销学教授安·韩德利称，首先要有数据：了解你的受众有哪些、他们的位置在哪里，最重要的是你能提供什么，还有，你如何提供。

"但是，接下来就需要聆听（阅读他们撰写的内容、关注他们、倾听他们）、参与（分享他们的写作、评论，有时甚至是质疑的内容），请他们在社群里分享他们的想法和见解。"

有了好的内容和支持你的优质粉丝在背后，你将成为一名真正的服务领袖，而且很可能成功缔造网络上最强大的关系纽带和影响力。

6. 推销你自己

找到你自己的位置，再进行不懈的努力，与业内最优秀的人交朋友。但这些仅仅是开始，如果你不出名的话，这些就都不重要。那么问题来了，你要怎样推销自己而不被人当成是一个笑话呢？

第一步是要理解自我推销的真正价值。当然，自我推销有你的私心在里边，但如果你以正确的方式进行，而不仅仅视其为一种交易，它就会有助于他人了解你的天赋和才华，而这些才华可能会帮到他们。

下一步就要专注事实，而不是吹嘘。如果你说你已经混迹博客圈十多年了，或者说你拥有密歇根州立大学的学位，没人会跟你争论。但是，如果你标榜自己是"社交媒体专家"，他们反驳的点就多了。无论你身处哪个领域，如果他人尊重你，进而称你为专家，这是没问题的。但如果你自己称自己是专家，那就有点过分了，并且你被人质疑的风险会很大。

第三步，用行动和故事，而不是话语展示你的专长。称"我很擅长向投资者推销"听起来有自我吹捧的嫌疑。但是，分享一个令人信服的故事，就可以让人推测出你的才能，而用不着你自己去明说。另外，研究表明，受众在听你讲故事的时候，他们大脑中的多个区块都是活跃的，他们真的是与你一起沉浸其中，这种印象会非常深刻。如果你称自己很了不起的话，他们可能也就是听听而已，但是，给他们讲故事会激发他们主动体会。

这就是谦逊的力量。根据发表在《今日心理学》上的研究称，在浏览 Facebook 历年大事记时，人们最强烈的情绪是嫉妒。我们呈现给外界的往往是最闪亮的自己，因此，很容易招致别人的嫉妒情绪。提供信息，介绍你的成功是没有问题的，但是要记住，你每次的吹嘘也可能会使受众产生不利于你的情绪。

在推销自己时需要注意的另一个因素就是保持对文化的敏感度。有一次，我在某个波罗的海国家给观众做演讲，提到我刚访问过英国，在牛津大学做了一次讲座。我原以为这是一个兴趣点，也是与不熟悉自己的观众快速建立信任的一种方式。结果演说结束之后，有人告诉我他非常赞赏美国人的大胆，因为他们国家的人欣赏谦逊的品格，从来不会在公众场合讲这样的话。一周后，我给一群读 MBA 的中国学生讲课，我就被告知不要过于谦逊——我需要的就是直白地列出我的成就，证明我的"价值"。真是文化多样性！

7. 人性交往

人们想了解你是怎样的人以及你所标榜的价值观。

作家兼企业家基尼·狄尔特瑞查就是个特别"通人情"的作者。"对我来说最重要的事就是让人知道我在倾听，"狄尔特瑞查表示，"即便他们的意见与我相左，我也总是感谢他们给我提供了新的信息，并尽力将对话进行下去。我总是强调，对于那些与你相处的人，如果你照顾了他们的自尊，他们就会用金子来回报你。这听起来可能有点伪善——照顾他们的自尊——但是，我的意思是以一种非常真诚的、关心人的方式，用心关注人们在乎的东西，并让他们知道你做的这一切。"

"人们选择将他们宝贵的时间花在你的内容上。反过来你就应该多花点时间了解他们，记住那些重要的小事。"

虽然"通人情"看起来像是常识，但其实很多人并没有做到。大部分时候，很多机构被规章制度、法律框架、广告协议，或是保守的企业文化束缚，从而疏远了客户关系。

"在我回过头来关注别人的时候，跟人说声'你好，感谢你转发我的推文'的时候，"安·韩德利表示，"或是我给出回应，转发他们的推文的时候……我的举动常常会收到意想不到的反应。比如有人会说：'哇！真的是你本人哎！'这是不是有点令人伤感？在一个'品牌'与受众进行真正的对话、投入真正的情感的时候，对方的期望居然那样容易满足，这简直令我震惊。"

如果一个公司在你毫无准备的情况下，为给你制造惊喜而发送了下面这条信息，你会怎样看待这家公司呢："我们知道你是曼联的粉丝。我们正好看到一张昨天的比赛图片，非常酷，我们想将图片链接分享给你。"这是只有你的朋友才会发给你的信息。这种信息会让你觉得自己是个了不起的大人物。

大多数人在思考如何让内容得以传播，首先想到的是渠道分发和推广。而这就是《热点：引爆内容营销的 6 个密码》的下一步……

第八章

分发、广告、推广和搜索优化

> 不推销，就无法脱颖而出。
>
> ——P. T. 巴纳姆

在当今这个竞争激烈的网络世界，即便是最好的内容，仅凭一己之力，也可能无法脱颖而出。有时候，它需要一些助推力。本章我们将聚焦在如何通过免费渠道之外的方式推动你的内容和品牌前进。

本章我将从战略角度出发，针对这些宽泛的话题整理出一些有意义、可执行、易掌握的要领，而拒绝一头钻进具体的服务和战术，因为这些东西不出一年便会过时。我要关注那些多年后其重要性仍跟今天等同的一些要点。让我们朝着解锁热点密码的目标再向前迈进一步，了解引爆内容的其他可选方法，也就是热点密码中的分发、广告、推广和搜索优化。

热点内容的分发渠道

分发是热点密码中最容易被人忽略的部分，但它却极具潜力。

米奇·乔伊，世界上最大的数字营销公司之一 Mirum 公司总裁，曾经讲过寻找新的分发点如何彻底改变了他对创作内容的看法。

十多年来，我几乎每天都在发博文。我创作了大概 4 000 个搜索词条。在这期间，我打造了自己的粉丝群，但是几年前我注意到，我的内容越来越难以吸引到新的粉丝。这不是我或内容的问题，虽然也许不能彻底排除这一因素，但是"内容休克"真的发生了。事实就是内容太多、太好了，其他任何内容想要冒尖都很难。

为了获得新的粉丝，我所采取的策略就是走出我的花园围墙——走出博客、播客和诸如 Facebook、Twitter 此类社交平台的圈子，开始在其他平台撰文，例如：Huffington Post、INC 杂志、《哈佛商业评论》等等，或者写书。

我很快意识到，通过创作高质量的内容，让它在其他平台运作，可以找到新的受众——我正在将新受众的注意力吸引到我的主页和内容上来，并最终将他们导引到公司业务上。这种做法的成绩令我颇为惊讶。它给出了漂亮的数据结果，同时也给那些正在消费我内容的受众带来了新的激情。我意识到我不能将所有的内容都放在同一个地方，我需要把它们放在人们很容易看到的所有地方。

　　我研究了各个品牌创作的大量内容，都很棒，我经常想：他们为什么不采取与我相同的策略呢？如果他们能够对内容进行调整，将其提交到其他平台的话，他们极有可能在那些通常都不使用的大型平台上培养出新的粉丝来。这种做法影响深远。而且我认为上述情况极有可能发生，各个品牌不仅在花钱传播内容，他们也在创造很出色的内容，而主流媒体非常渴望利用和分享这些内容。

　　得到强大的第三方网站的认可是推广内容、吸引新粉丝、打造可信度最重要、最有效的手段。某个品牌或是推广方自说自话很容易被怀疑，但可信的第三方认证对引爆内容非常难得，能产生深远影响。

　　让我们把这种分发手段分解成一些可操作的方法：

1. 多渠道内容计划

　　正如米奇·乔伊所言，看看"花园围墙"外面的风景能收获意想不到的好处。首先，为你的内容树立目标，定位目标受众，寻找可能对受众有吸引力的话题。找到受众在网络上的位置，确定他们在寻找类似内容和新闻的时候，所使用的网站和社交媒体渠道。

　　现在，这种调研工作大都可以通过社交媒体分析软件自动进行，甚至可以设定条件进行分析。在明确了各种可能性之后，将重点放在一到两个目标媒体渠道上。它们有可能是在线杂志、行业刊物、商务期刊、博客、播客或是传统媒体端口。你需要研究这些渠道，了解编辑规则，熟悉它们所使用的内容形式，并设立一个目标——针对这一媒体渠道创造出一条出色的、相关的内容。然后每个季度换一个新的媒体渠道，重复上述过程。

2. 建立一套分发程序

你的团体应该定期对潜在的、新的、可用于进行内容分发的网站进行研究，并评估所有内容的分发潜力。与我合作的一家大公司会评估他们生产的每一条内容，并为每条内容确定最少三条使用渠道。他们可能会将内容制作出版、转化成PPT格式，或是将其作为访谈节目的话题。你是不是也在通过一套类似的程序利用你的内容呢？

3. 考虑进行机构调整，聚焦内容的多渠道流通

有些公司已经开始重视"品牌报道"了。传统公司广告职位正转变为羽翼丰满的媒体创作部门。一些公司还在计划设立内容开发新闻室，承担寻求外部资源以及传统营销的媒体沟通职责。

4. 探索建立员工网络

建立"社交组织"是一个长期目标，但是，你为什么不请那些积极的员工在社交网络传播公司内容呢？这能产生很强的放大效应——效果远超传统的、靠满是商标的公司网站所进行的宣传。

如果你有20名员工对此有兴趣，如果他们自愿提供帮助的话，这20个人就是你可以利用的20个潜在网络。很多员工都会热心于帮他们的老板宣传内容，愿意参与这一市场营销过程。一些公司还利用供应商和合作伙伴来帮助分享内容，而对方通常也乐意这么做。

5. 不要忽视邮件

对许多人来说，邮件仍是沟通和分享信息的首选方式。你有没有定期发送邮件让人们了解你的内容？你有定期发邮件的，对不对？请记住，邮件订阅者可能都是你的优质粉丝。这些人就好像在向你招手：向我推销吧！所以，一定要让他们知道新的消费机会，向他们分享你的内容。

6. 发现并精通新平台

每家公司都在将内容注入博客、Facebook、Twitter 以及YouTube。但是，还有很多可靠的、受欢迎的其他平台可供开发，这些都是竞争没那么激烈的分散选择。以下就可能是被你忽略的平台：

● Quora：由 Facebook 前管理人员所创，这个网站致力于答疑解惑。在站内对业务相关的话题进行搜索，你肯定能找到一些可供参考的相关问题和解答。

● LinkedIn：当然，人们熟悉的 LinkedIn 是一家商务社交网站，但它也是世界上最大的业务发行网站之一。这是一个传播现有内容的绝佳场所，特别是当你在做 B2B 业务时。

● StumbleUpon：这一网站的独特价值在于它的随机性。人们在网站上"偶遇"别的用户上传的内容。如果人们对遇到的内容"顶"一下的话，它就更有可能随机出现在瀑布流中。而如果某内容在这个网站上得到很多"顶"，变得很火的话，它就能被迅速引爆！

● Pinterest：很多内容创作者宣称没有比在 Pinterest 上"拼"

图更好的引爆内容的方式了。你需要的只是一张吸引人的、导向你的原创内容的图片。即便像通用电气这样的工业公司也一直在使用这一方式与新的受众建立联系。

● Quibb：这一网站崛起于 2013 年，是一个很有潜力的行业专业内容分享平台。

● Reddit：Reddit 是一个庞大的内容社区，宣称每月的访问量超过 1 亿。该平台的关键创新就是它的投票系统。发布在那里的任何内容——图片、问题、评论，都可以"顶"也可以"拍"。获得好评最多的内容能蹿升到"最佳博文"顶部。蹿升到"最佳博文"页面就能吸引更多的投票，然后得到病毒式的传播。Reddit 上有很多干劲十足的人，他们愿意花 20～30 分钟的时间进行搜索，只为了回复一段对你的感谢。不过要小心的是，Reddit 对于推广内容有很严格的规定。另外，Reddit 也可以是一个非常丰富的内容来源。

7. 考虑小型网站

在研究新的分发平台时，不要光看大的、嘈杂的地方。有时候，找一个只有 50 名订阅用户的小渠道也可能是一座金矿，因为这 50 人碰巧都可能成为你的优质粉丝。

举个例子，费城的一名管理顾问正在联系 LinkedIn 上的小规模专业群，类似"费城会计师"和"费城人力资源专员"，希望能让那些行业相关人群与他的内容产生联系。如果有比较多的人对你的内容感兴趣，那就很有可能存在一个相关的网络群体。当你找到这些群体的时候，不要光发发邮件了事。要与他们交流，建立你的声誉，吸引更多受众。

8. 结成内容伙伴关系

如果你的内容传播渠道有限，可以考虑与其他渠道结成伙伴关系。这一技巧通常被称为"品牌结对"。比如，保险公司 Geico 发布了一系列含有其他公司比如 Pillsbury Doughboy 商标的商业广告。这一战略使得 Geico 的广告不仅对它自己的粉丝有吸引力，还吸引了 Pillsbury 的粉丝。

9. 寻找新闻绑架的机会

新闻绑架一词由大卫·米尔曼·斯科特首创。该词描绘的是一种将品牌信息与突发事件新闻联系在一起，从而获得传统媒体报道的手法。几年前，天主教即将提名新教皇时，圣母大学通知各大新闻媒体，它会派专家评论员随时待命，等候这一新闻。当西斯廷教堂冒出白烟时，圣母大学的专家就出现在了各大媒体的新闻频道上。

斯科特表示，实时营销能促成交流和销售业绩。在热播剧《唐顿庄园》的一幕感情戏播出期间（剧中三小姐因产后惊厥不幸离世），"多重护理医疗系统"发现了一个流行的话题——惊厥，于是该医疗网站在电视播出的几个小时内就发布了一篇有关这一病症的博文。在此期间，"多重护理医疗"获得了 1 000 多人次的网站访问量，人们花在网页上的平均时间为 5 分钟。网站的在线预约系统还获得了 30 次的点击。

10. 将 Facebook 作为一条分发渠道

尽管抨击 Facebook 是件很流行的事，但是它的世界霸主地位确实让人无法忽视。尽管有人过早地预言了这一渠道的消亡，但是在全世界大部分地区的各色人种中，它仍旧是广受欢迎的社交网络。一份研究显示，营销人中有 74％的人认为 Facebook 是最重要的内容传播渠道。

对很多公司而言，Facebook 也是进行大规模品牌内容传播最划算的渠道。当然，也取决于你的内容、信息以及你的核心粉丝，但是，Facebook 作为内容传播的一种方式是不可忽视的。

11. 众包型内容创作与分发

在你创作的内容中提及某些专家，通常还能成功接入他们的网络。这也解释了为什么很多把知名作家和专家一锅烩式的博文会那么受欢迎。引用专家的话语、提及他们的某篇博文或是某本书，都可能引爆你的内容。如果你在内容中将他们凸显出来，他们就很有可能会帮你推广这条内容。

12. 创建行业资讯网站

几乎各行各业都有某种资源可被用来及时组织相关内容，并定期通过新闻通讯、网站或是新闻发布。如果你所在的行业没有固定的内容网站，那么你可以考虑创建一个。如果你让行业领袖经常出现在网站新闻头条，能够有助于你的公司定位，成为人们寻求重要信息的首选之地。

如果这种网站已经存在，那么就要跟他们搞好关系。了解情况，评估将你的内容发布在这一渠道需要怎样的成本。除了获得曝光之外，还能将新的受众导向你的网站，甚至有可能获得重要的反向链接，改善你的搜索排名。

我想用记者多利·克拉克的一些建议来结束这部分的内容。

多利几乎完全凭借他人的渠道构建了自己的品牌。这些渠道包括《福布斯》和《哈佛商业评论》。但这并不是一个完美的策略，并且需要利益的制衡。实际上，向那些非你所有的平台提供内容是有风险的。

多利·克拉克说：

> 我反复考虑了这一传播策略，一方面，通过与知名品牌建立联系，你的信誉能得到迅速提升。在事业刚起步的时候，你真的需要这种信誉的提升；同时你还能接触到固定的读者群，不使用这种战略的话，他们是不会发现你的存在的。

> 但是不利情况是，《福布斯》或《哈佛商业评论》拥有这些读者和这些关系，而不是你。虽然在你自己的博客或是内容网站上培养受众群可能更重要，但却要慢得多。在为大型杂志撰写博客的同时，我一直在努力将读者导向自己的网站，在这里他们可能会订阅我的邮件。大量充实邮件列表是我的主要目标之一，因为能够直接与读者对话太重要了。

有效使用付费广告

在一次播客讨论节目中，总是能给人以启发的米奇·乔伊对我说："我想知道，在不久的将来，付费广告会不会是我们引爆内容的唯一方式。"

这是很多备受挫折的营销人经常挂在嘴边的话，也是他们的真实感受。付费推广战略与其他内容战术相结合，已经成了大部分数字营销工作必不可少的构成。

获取免费阅读量的前提是，你必须靠人们喜爱的优质内容一路闯进新闻推送列表中。而通过付费来增加你的曝光度，能够显著提升每条内容的影响力和接触面。特别是考虑到以其他方式传播内容所需的时间，相对而言，付费推广还是价格较为低廉的一种方式。同时，付费选择通常还会为你提供分析结果，帮助你评估工作的有效性，以便将来进一步优化。

下面是一些付费传播选项汇总，你或许可以把它们作为内容引爆整体战略的一部分。

广告网络平台

受欢迎的选择包括 Google AdWords、Facebook、Twitter、Outbrain 以及 OneSpot。关于使用广告网络平台，有很多策略。但在活动之初，在你需要唤起人们品牌认知的时候，在你没有时间构建受众群，或者内容有时效性的时候，使用广告网络平台尤其有效。

以下是网络广告的主要付费形式：

● 点击付费广告：这是最常见的付费方式。用户点击广告，营销方按点击次数付费。

● 搜索竞价排名：需要营销方确认具体的关键词。在潜在客户搜索关键词后，广告会出现在搜索结果页面。

● 内容点击付费：作为内容建议出现在各种网站上，通常位于类似文章的下方。

定向广告

对访问你网页的人进行追踪，在他们访问其他网站时将你的广告展示给他们看。从技术上来讲，要在你的网站页脚设置一个JavaScript 标签。通过在访问者的浏览器上植入重定向匿名缓存文件，这一代码就能创建网站访问者名单。可以在目标受众浏览其他网页时展示广告。这种方式设置起来相对简单，付费媒体就是通过这种方式智能匹配和分发广告内容的。

付费型内容

Facebook、Twitter、LinkedIn 以及其他许多平台都接受通过付费的形式，有选择性地提升你的内容能见度。它的优势在于利用非常精确的受众类型统计，提升受众及其他人对你内容的关注度。付费型内容是提升针对特定受众的广告曝光度、吸引新粉丝的好方法。

原生广告

美国互动广告局将原生广告定义为"与页面内容设计融为一体的付费广告，它们与平台行为保持一致，以至于受众认为它们是一体的"。

通过与网站发布者合作，你的内容可以被整合进媒体公司的网站界面。《福布斯》网站上的付费软文就是一个例子。与媒体品牌联系在一起，原生广告不仅能提供品牌可信度，还能在相关受众那里获得大量曝光。

但是，这也是一条有争议的策略，因为传统网站发布者投入越来越多的空间来容纳"付费软文"。有时，这些广告软文与网站发布者的内容根本无法区别。付费型文章已经遭到了一些网站发布者、品牌、消费者，甚至政府管理部门的反对。原因是这种文章与新闻资讯内容相似，这引起了政府管理部门的担心。有评论员是这样描述的："我们是不是应该给予我们的读者更多尊重？原生广告就是不请自来的不速之客，它表现得没有自知之明，却又傻傻地想要融入，这让它的处境更加尴尬。"

同时，这一错误导向可能会使网站的完整性及品牌形象受损。这一策略若想长期运行下去，唯一的出路就是专注于提供能与网站资讯质量相当的相关内容。

社交媒体广告

各大社交媒体网站几乎都接受付费，帮助客户吸引新的受众、制造热门话题。一些拥有大规模用户群的社交媒体平台，如 Reddit 和 StumbleUpon，则允许你以很低的价格购买内容点击量。

查德·波利特是《相关性》在线杂志的联合创始人。该杂志致力于研究内容推广技巧。下面是他整理的一些最佳"原生社交"实践经验：

● 使用付费社交媒体的品牌一定要记住：这是市场。你们怎样设定兴趣点、联系人、行为、目标人群、地理位置等都影响到活动成本。光 Facebook 就有 100 多万个兴趣点，Twitter 的兴趣点更多。因此，瞄准那些能够涵盖更广范畴的长尾利益兴趣点，将帮助品牌节省多达 90％的传播开支。

● 营销人必须为付费社交渠道上的推广内容建立可量化的指标，因为这些指标决定了使用哪个渠道，分配多少预算。比如，每次发布新内容时，分发内容（如博客文章）都可能成本高昂。但是，那些想做彩票、在线研讨会或是电子书推广的营销人就会认为值得花这笔钱在社交网络上做推广。

● 设立指标之后，营销人应该按每次点击的成本、每次行动的成本，或是每次成功引流的成本跟踪各个渠道的表现。尽管社交网络提供的分析报告日益复杂，但是，你需要综合各项指标来确定每个渠道的成本/收益。

● 营销人绝对不能将点击量与网站访问量等同。社交媒体上的一次点击等于一次点赞、分享、评论等。所以，付费点击所带来的实际网站访问量可能只有点击总数的 1/16。

推广内容的十个技巧

一提起在网络上做内容推广，我就会想到有个杂技演员在两栋摩天大楼中间走钢丝的画面，没有安全网、蒙着眼睛。这样大胆的行为需要大量的经验、判断和平衡力，才能免于失足坠落。

在做内容推广时，有益的内容和令人讨厌的内容之间只有一线之隔。几十年来，营销人已经习惯于大声叫卖和广播，在转战社交媒体平台时，重复同样的举动似乎是自然而然的事。但是，向宝贵的优质粉丝群喧闹个不停，是不会获得任何新朋友的——因为你正在散发大量垃圾内容。

作为一名精明的营销人，你应该在社交媒体与你的同行、同事以及你最坚定的支持者联系，尽可能让他们来讲述你的故事。

下面有 10 条小贴士，可用来推广你的内容。

1. 找问题来答

你有没有考虑过用博文来帮助人们解决问题？这是一种聪明巧妙的技巧。LinkedIn 群、Quora，以及雅虎问答之类的网站上，有成千上万的人在问问题。寻找那些你能作答的问题，然后创建一条链接，导向你的解答博文，作为对问题的回复。这种推广行为可以一次完成三件工作：

- 你以一种真正有益的方式在运用你的内容。

- 你吸引了一些新受众，将他们导向你的内容。

- 你延伸了内容的价值，因为这些答案拥有很长的保鲜期。

2. 用好社交渠道

你的受众宁愿在社交媒体上花时间玩农场游戏、看臭脸猫的图片、抱怨政府，也不想成为营销、售卖和广告的对象。但是，如果你吸引了一些对你以及你的生意感兴趣的忠实粉丝，他们就很可能会对一些与你生意相关的内容感兴趣。偶尔将一些相关的商业新闻放到你的社交媒体上是没有问题的。这方面没有硬性规定，只要不乱发垃圾信息就好。

3. 在你的谷歌账号个人信息栏中加入内容链接

在忙着创建各种格式的内容时，你很容易忘记谷歌个人信息栏是放置内容链接的绝佳地点，它完全可以充当你的商务名片。如果你有段时间没更新你的个人信息了，那就快去把这件事搞定吧。

数据科学家克里斯托弗·佩恩表示，"用谷歌的结构化数据软件来验证你的网站是绝对有必要的。它控制着你的网站能否出现在谷歌搜索结果中，虽然它有点神秘难懂，但绝对重要。"搜索"谷歌结构化数据"找到谷歌工具来测试你的网站，看看是不是存在明显的错误让谷歌无法找到你，或是无法正确显示你的内容。

4. 链接其他社交媒体的个人信息栏上的内容

LinkedIn 允许你在个人信息栏插入链接，综述与项目栏，是凸显内容的好位置。LinkedIn 还拥有幻灯片共享功能，能展示你的 PPT 预览和博客内容的亮点。在 Facebook 上，你可以在个人信息栏中重点突出你的播客、博客以及其他内容。我的 Twitter 个人信息栏就包含一条链接，点击这条链接的人们可以直接找到我所有的内容。

5. 最大化利用名片上的空间

如果你跟我一样有多处内容资产，将它们列在一张名片上可能是个挑战。这就是我在名片背面印上网站链接的原因。我通过 bit.ly 创建了一些简短、容易记的链接。比如，我名片上的博客链接是 bit.ly/grow-blog，这要比 http：//www. businessesgrow.

com/blog 更容易列出和记忆得多。你还可以在 bit. ly 看到都有哪些人在点击这一链接，分享你的内容。

一定要在你的邮件签名下列出获取内容的几种方式。有些人甚至在那里推广他们最新的博文和视频。

6. 引爆片段

你写的每篇博文都有一些可以引用的亮点，促使人们想要拿去分享，因为这会让他们看起来很酷、很聪明、很有趣。有很多小插件，能帮助人们摘取你博文内容在 Twitter 转发出去。你还可以在 PPT 中嵌入简短的容易被引用的概述。通过这种方式进行内容推广，让人们在会议座位上就可以将你的理念传播出去。

7. 进行链接打包

很多博主都愿意将他们最喜爱的博文整理打包成每日、每周或每月的链接汇总。通过搜索比如"链接汇总"或是"每周链接汇总"之类的关键词，你就能找到市面上的各种内容链接。如果你想要找到与行业相关的具体博文，只需加一个修饰语比如"链接汇总"＋市场营销，或者"链接汇总"＋母婴就可以了。联系博主，给他们发送你最新博文的链接。如果你明智地用好这一技巧，只给博主们发送你最好的内容，就很有可能促使他们与你联络。

8. 在老内容中推广新内容

这里有一条向博客读者介绍新内容的小技巧。利用比如 Social Crawlytics 这类工具，找出过去几年你被人分享次数最多的内容。结果很可能是你最好的作品仍在吸引新的读者。在确定网站上浏览和分享人数最多的页面之后，为一些相关的关键词添加链接，指向你的新内容。另外一个技巧就是在这些受欢迎的博文中，嵌入你自己的广告，推广各种服务及其他内容。比如，在我最受欢迎的 Twitter 博文（这些博文每年仍有非常大的阅读量）的结尾插入一张图片，宣传我的《Twitter 之道》一书。

9. 参加内容分享俱乐部

有很多这样的网站，在那里，你可以跟其他内容创作者一起分享和支持彼此的努力。Triberr 就是此类网站较受欢迎的一个，它就像是一个博客俱乐部，在这里你可以通过互惠的方式发现和分享内容。而这种互动将使更多新受众有机会发现你的内容。

10. 给你所在行业的其他博主发送个人邮件

为你的推广策略增加一点人情味能产生不错的效果。如果你有一条不错的内容想在博客圈分享，那就找到那些写过类似内容的博主，称赞他们，建议他们阅读你写的有关类似话题的博文。在博客世界，"阅读"就是"分享"的委婉说法。

写一个个性化的标题，精心创作这封电子邮件，将它与千篇一律的格式化邮件区别开。如果你在邮件中犯了任何错误，比如称呼错了，将很有可能破坏进一步联系的机会。在邮件中，记得指出该博主与你的推荐内容之间的具体联系。加入导向他们博文的反向链接，这可是一个大"钩子"。

让受众轻松找到你的内容

就为了瞒过谷歌，全世界产生了价值 300 亿美元的行业，对

此我常常感到惊奇。好吧，搜索优化不止这些。每个营销计划都
需要考虑进行搜索优化，因为如果人们找不到你的话，你的内容
努力就白费了。

有大量的博客和视频网站专门告诉人们该如何进行内容搜索
优化。本书的目的不是为了教会你这些，并且也没有必要，因为
网上已经有这么多免费的内容供你享用了。

取而代之的是，我们最好将这一复杂话题聚焦在内容引爆和
以下三个问题：（1）搜索优化能引爆内容吗？（2）社交分享会影
响搜索优化吗？（3）关于搜索优化需要知道哪些才能高效地传播
内容？

搜索优化能否引爆内容？

毫无疑问，要让你的内容能被人发现，考虑进行搜索优化是
必需的。当然，跟所有事情一样，关键是程度高低。不同的行业、
不同的目标，搜索优化的优先程度相差很大。我认为，设置搜索
优化的优先程度因内容而异。

让我们通过案例分析，将病毒式营销、搜索优化以及内容类
型串联起来。请看图8—1，它显示了一年内我的博客访问量。

正如你所看到的，在这一年，有3篇博文为我的网站吸引了
超多的访问量。它们是：

● 1月份的《内容休克》，介绍对内容进行经济评估的想法。

● 6月份的《70颗冉冉升起的社交媒体之星》，着重介绍了那

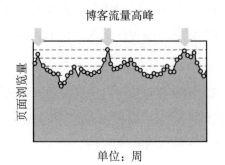

图 8—1 一年来我的博客访问量

些不为人知的营销天才。

● 11 月份的《一篇你再也听不到的演说》，揭示个人的痛苦也有其积极的意义。

根据本书第二章的定义，这些博文可以被视作英雄型内容。复习一下，那些模范公司长期打造品牌需要三种类型的内容：

● 日常型内容，这种内容照顾客户的日常需求，是最可能被搜索引擎检索的目标。

● 聚拢型内容，这种内容将人们与你的品牌联系在一起。

● 英雄型内容，通过病毒式传播建立广泛的影响。

在这三种内容当中，英雄型内容是迄今为止最难创作的。你无法为病毒式传播做计划。而我这三篇获得病毒式传播的博文，每篇都有一些共同的特质，这些特质超越了网络日常的喧嚣。

1. 它们的流行与搜索优化没有任何关系

讽刺的是，这三篇博文是我当年进行搜索优化处理最少的博文。我的意思是，什么"内容休克"驱动了搜索流量，这根本就是一个编出来的词！

是不是很有趣？我们原本应该关注搜索优化来驱动博客流量，但预想的搜索优化却根本没有为这三篇博文的成功发挥任何作用。为什么呢？

在我写这三篇博文的时候，我故意将搜索优化扔到一边，专注于创作那些我知道的、人们会喜欢的好内容。你可以这样想想看：如果你在内容里塞满各种流行的搜索短语，这样的内容还能有多原创、多了不起呢？关键词优先意味着当你使用搜索优化关键词时，就必须弃用另外的词。但想要创造出有可能得到病毒式传播的内容，就迫使你基于原创至上原则创造出全新的关键词。谷歌似乎比较喜欢这个。

2. 内容很长

这三篇博文不仅最受欢迎，还是我全年写过的最长的三篇博文。这也算是验证了我在"分享基因"一章谈到过的那些研究。博文更长，有时会有更大的机会获得大家的分享。

3. 内容独树一帜

伟大的营销始于伟大的内容。这三篇博文内容独树一帜，娓娓道来。从来没有别的文字是像这三篇博文一样写就的。为此，我也承担了一些个人风险——阐明立场、尝试新的风格、敞开个人胸怀。

本案例研究表明，搜索优化不是引爆内容的万能钥匙。相反，它取决于你所创造的内容类型。图8—2总结了内容引爆与搜索引擎优化之间的关系。

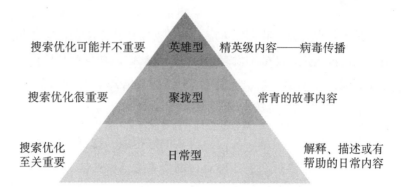

图 8—2　搜索优化与内容类型间的关系

这一理论认为，对大部分内容而言，搜索优化是必不可少的。另一方面，遵从搜索优化的最佳做法（在标题、链接中植入流行关键词）实际上可能会妨碍内容获得大规模的传播。

讽刺的是，我在写那篇《内容休克》的文章时，脑海里毫无搜索优化的概念，而那篇文章却获得了很多来自业界知名博客的反向链接。忽略了搜索优化，我却获得了自己博客史上最大的成功。

用它作为一个很不错的引子，刚好可以引出接下来我们要谈的第二个有关搜索优化的问题——

社交传播会影响搜索优化吗？

没有什么战术或是魔法能让你蹿上搜索排名的顶部。不过，想要获得好的搜索结果排名，可以策略性地运用以下三个关键因素——链接、内容和推广。这三种因素的协同可能创造出成功的搜索策略。

关于这些策略本就不存在大的分歧，但是诸如转发量和点赞人数这类标记到底是怎样影响谷歌搜索算法的，在业界还存在巨大争议。对消费者来说，一条被转发 2.5 万次的内容要比只有 2 次转发的内容更有意义，这逻辑没错，对吧？

但是，谷歌多次否认将社交标记用于搜索引擎排名，尽管一些研究已经表明社会分享和搜索结果之间存在对应关系。但这种争论并不重要，因为对搜索来说，肯定是分享越多好处越多。

搜索优化多年的实践标志——竞价排名的日子已经一去不复返了。谷歌不想任何人通过怪异的方式建立链接。但是他们的确希望人们能够创造一些相关度很高的内容，那些能够由公司提供给搜索用户，并最终通过广告实现货币化的内容。因此，谷歌正在寻找那些指向价值链接的标记，而这些标记和链接能使我们从中获益。当然，伟大的内容不一定非要有此链接。但是如果你能够引爆内容，你的成功机遇就更大，能使更多人通过免费链接找到你。

由顶级营销公司的李·奥登首创的、极具创意的内容引爆战略就是这样一个例子。为了向客户推广各种营销会议，他的团队制作了一系列电子书，主打知名演说家的一些理念，并通过一些创意主题加以呈现，如侦探系列、摇滚系列、爱丽丝梦游仙境系列。如果奥登试图使用诸如"内容营销秘诀"之类的词语，他的内容根本不会有人发现。但是通过付费的、获取的、定制的各种媒体策略引爆内容之后，人们听说了这些，就会开始搜索如"内容奇幻世界"之类的东西。本质上,通过内容引爆打造出来的知名度就是在进行内置的搜索优化。

奥登说:

> 我知道这不是一名买家通常会搜索的内容。但是你可以亲眼见证我们的电子书所产生的效果,很多人会对书中的理念感兴趣,进而主动搜索。

> 我们就是用这样的方式创造出了属于自己的独特搜索需求,相信我,像"内容奇幻世界"这样看起来有点像的东西在经过几周的推广之后,很多人就会开始在网上搜索它们。当然,我们对预期的搜索关键词进行了优化。我们希望人们谈论和分享我们的内容,进而产生需求,制造出声响。

> 所以,尽管谷歌宣称,转发量和点赞量并不直接影响搜索结果,但是,间接的效果依然是存在的。

搜索优化需要做到哪些才能高效地传播内容?

针对第三个也是最后一个与搜索优化相关的问题,让我们再次将目光转向李·奥登,《优化》一书的作者。该书是有关这一概念的指导性著作。

就在不久前,给内容做搜索优化还相当简单。只要完成指定的任务清单就能让谷歌找到你。但是今天这一领域已经变得复杂多了,如果没有大笔的预算来建设外部链接,你该怎样处理这一工作呢?

奥登说：

> 我承认仍然存在各种指定动作，但是搜索优化的任务清单已经有很大不同，并且相当受限。我将搜索优化看作是营销效果优化，搜索、广告、邮件、内容等所有你用于打造事业的东西都与之有关。

> 你是在收集数据。通过收集关键性指标来证明你处在正确的轨道上，根据这些数据做出判断，优化你的内容战略。

> 至于搜索优化，当然有一些传统的东西仍然可以用来助益我们的搜索结果，因为谷歌远不是完美的。谷歌所做的一些取舍已经大大影响了那些依赖用户自然搜索获取新业务的公司网站。这些公司不得不做出重大调整，特别是在链接和链接源方面。很多链接建设战略都被谷歌绞杀了。在以前，各个公司都是通过付费，进行搜索优化以得到更多的外部链接。现在，他们在付费清除这些链接。

> 从技术及内容定位角度来看，我们仍可以做些事情，让谷歌更容易了解我们是谁、我们的观点，以及我们是不是用户搜索的最佳对象。

> 今天的搜索优化更加注重内容和关系。我们总是研究关键词策略，但最重要的还是内容，只有创造出优秀的内容，人们才会想要阅读和分享。内容的质量是第一位的。我们要让内容便于相关人群的分享。让他们觉得这些内容很重要，让他们在分享时感到自豪，一切只因为他们想要分享，而不是因为有人要他们分享。

很显然，为了对内容进行推广，我们寻找了使用内容的多种途径和方法。在用于会议时，我们有信息图。而信息图中又内嵌了可用于 Twitter 发送的精炼信息。而很受欢迎的图解则作为另一个高质量的内容板块可被轻松分享。我们还制作了发言人的 Twitter 账号列表，并把发言人的简介发布到 Pinterest 上，还制作了一些解构电子书内容的图片。作为额外的推广材料，我们还发布了对发言人的采访。在这本电子书上线当天，我们为与会者和广大网民提供了演讲幻灯片的 Twitter 嵌入代码。

我仍然认为，在今天，联络意见领袖是搜索优化方案的一部分。我多年来一直在出版各种内容。每次出版，与我合作过的人数都在增加，我可以回过头跟他们说，"嘿，还记得我们一起做的那件事吗？现在我们又要弄一个新东西了。如果你愿意过来瞧一瞧帮忙分享一下，那就太好了。如果你不愿意，那也没关系。"

在第十章，我们会继续介绍李的一些见解。我们需要他来帮助我们解开热点密码的最后部分，高度神秘的话题——权威性。但是现在，先让我们谈一谈我最喜爱的营销话题——社会认同。接下来是趣味问答，你们准备好了吗？

第九章

从社交标记到
社会认同

> 真诚——如果你可以假装，那么你已经做到了。
>
> ——乔治·伯恩斯

给你做个小测试，准备好了吗？

想象你搬进了一所新房子，院子里有一块不大的地方，你想要种些玫瑰。可玫瑰不好种，你需要一些指导。跟大多数人一样，你开始在网上搜索，然后惊喜地发现，最靠前的两个搜索结果都能满足你的需求。两篇文章都提供了一些小建议，有详细的指导和插图教你怎么做。其中一篇文章被转发了 5 次，另一篇文章被转发了 452 次。

你会读哪一个呢？

我曾在数百堂课上给数千名学生做过这个小测试，没有一个人回答说会看那篇只有 5 个转发量的文章。

我的朋友，你刚刚体验到的就是社会认同的强大力量！在这种情况下，所有事情都是平等的，内容的质量并不是真的很重要。无论是作者的标志性品牌、发布者的信誉度、发行量、推广，还是聪明的搜索优化等等都不重要。内容能否被引爆，单纯因为一个数字。

让社会认同发挥效力

在现实世界里，每当我们做决策的时候，都会把社会认同作为一条捷径。在被他人证明这是一个明智选择的时候，买东西似乎简单多了。

在人们想做深思熟虑的决定，却又缺乏所需的事实依据时，社会认同的力量就显得尤其强大。为了搞定不确定性，人们会在身边寻找线索来帮助他们确定"真相"。他们认为别人的行为也能反映出自己行为的正确性。就像有关园艺的推文转发数量影响了你的阅读决定一样，行为会受到假设的驱动。人们总是假设同样处境的人可能会拥有更多的知识，知道什么是正确的、流行的或是理想的。比如：

● "看看人家墙上挂了那么多奖状和奖牌！她肯定很聪明。我在这儿感觉不错。"

● "房间里每个人都有一台苹果电脑。这种电脑肯定非常好。"

● "有许多人都排着队进那个酒吧。我们最好也去那儿，因为我们对这个城市并不熟悉。"

社会认同的力量很强大，尤其是在多次曝光后，人们甚至会把某一信仰当作真理，只因为太多人相信，所以这必定是正确的。

在信息无比庞杂的网络世界，社会认同是一个尤其需要理解的重要概念。可被掌握的内容有这么多，我们急需一些线索告诉我们该信任谁、该相信什么、谁能迅速地帮到我们。因此，我们易于相信数字，特别是在决策风险很低的时候。我们通常不会交叉参考信息或是核对信息来源。我们就看哪个数字最大，然后选择相信它的权威。

与线下相比，社会认同在线上显然是一个更重要的影响力因素，因为我们的选择是公开透明的。如果是给家里买东西，又没有人会看到，我们可能就不会那么在乎。但是如果被整个互联网世界所关注，我们就会非常关心自己的外在形象、做出的选择以及在他人面前的样子。

社会认同与网络热点引爆

现实世界中，人们可不会随时在额头上贴一个 Facebook "点赞"人数的标签，但是在社交媒体世界，权威的数字标签就像脏毛毯上的跳蚤一样到处都是。得到很多人转发和评论的博文到底为什么会广为流传可能毫无理由，但很多有价值的博文却可能根本无人问津，除非它们的价值通过社会认同得到了推广。在网络上，整个商业模式都可能构建在社会认同的基础之上。

杰伊·巴尔称：

> 在网络世界，只有社会认同才能证明你的真实性，网络上有一些小暗示就是在传达这种权威。博主们在网站顶部显示推文转发量是有原因的。如果一篇博文被转发了 100 次，

那么就可以假设它值得你关注了。至于真实情况嘛，这个数字有可能是真的，也有可能不是。有很多方法都能骗过在线系统，与线下相比，人们在线上更容易创作一串代码就能刷成网络世界的权威。

权威的表象这么容易就能被获得和推广，这是历史上未曾有过的。诸如"畅销"、"获奖"以及"专家"等字眼已经变得几乎毫无意义。人们渴望一条能够迅速从信息过载的世界里过滤出有用信息的捷径。可惜的是，在这一背景下，社交标记可能比依靠真正的知识和经验打造出来的真实权威更加重要。

巴尔表示：

> 如果 Twitter 粉丝量或是 Facebook 点赞数与你的公共形象毫无关联，你觉得我们还会谈论它们吗？我们这么关心 Twitter 粉丝或是 Facebook 点赞不是因为媒体的力量，而是因为它们代表的是我们的公众得分。每个正规的社交媒体顾问都会跟你说，关键并不在于你有多少 Twitter 粉丝或是 Facebook 点赞，而是你怎么运用它们。从行为驱动、转化、收益、忠诚度、支持度的角度而言，顾问的话当然是正确的。那么，Twitter 粉丝量毫无意义，对吗？错。现实情况是，社交媒体的数字是一项非常公开的竞争。你以为政客们为什么会花钱打造远强于其他候选人的粉丝群，还厚颜无耻、蠢笨无比地吹嘘这一优势？因为这涉及公众对他的评分和认知。
>
> 我们可能不喜欢，甚至可能不愿承认这一点。但是，如果认为 Twitter 粉丝量对公共舆论如何看待你或所在的机构

毫无影响，就有点虚伪了。它不是一项重要的性能指标，而是一项关键的流行度指标。

　　想到那些实际技能和天赋与所获利益并不相符的博主，只是靠着对 Twitter 粉丝量作假或是给博客网站上的社会认同造假也能获得很大的影响力，就令人感到不安。时间的短缺以及日常生活的压力使人们无法与那些重要的人或"似乎很重要的人"交流。这种情况带来的影响就是，点赞数和粉丝量这类看似权威的标记影响到人们怎样看待你的地位和影响力。即便这样会错得很离谱。

　　尽管这似乎很过分，但作为专业人士，我们需要解决的就是现在的问题，而不是考虑未来它会是什么样子，况且世界上到处都是冒牌货，这也不是什么新鲜事。唯一不同的是，现在这些冒牌货只需轻点键盘便有机会在互联网上找到更多的无辜受害者，而且他们还能逃避报复。

　　关注和培养社交标记是很大的商机，也是企业影响力的重要来源。从长远来看，人们很可能会根据你的观点和内容对你真正的影响力做出决断。但就短期而言，标记是社会认同的重要组成部分，也是影响内容传播的一个重要因素。

打造社会认同的十个策略

　　强大的社会认同会让你更加相信自己所处的位置是正确的，相信你所创造的内容是值得分享的。不牢固的社会认同就像晚上

7点钟走进一家餐馆，却发现自己是唯一的客人。你会感觉有点紧张和孤独，而且你可能会想是不是该转身离去。但是，如果这家餐馆热闹非凡，甚至还有人在等位，你的感受就会好很多。社会认同的原理与这个一样。社交标记让你想要参与和买入，不管它是一家餐馆、一部在线视频还是 Pinterest 网页。

要真正使你的内容得到广泛传播，首先要让其中一部分内容得到传播。举个例子：一家福布斯排名前 100 的企业（具体哪家企业我就不说了）付出了大量努力来打造公司博客。实际上，这家公司雇用了 90 名活跃的博主。博文内容制作精良、有趣、相关且及时。但是，即便这是一家拥有 30 多万名员工的企业，其一篇常规博文的平均社交分享量却只有 5 次。这个数字传达了什么信息呢？"根本没人关心"。

如果这家公司安排 90 名博主中的一部分去 Twitter、LinkedIn 和 Facebook 进行内容引爆，那么内容被转发和分享的概率肯定会提升。

我真心希望你不是靠欺骗获得了有利的社会认同。如果你正在打造一个持久的品牌和一群意义非凡的优质粉丝，百分百的诚实是构建信任的唯一出路。从长远来看，人品就是力量。关于如何打造社会认同、提升内容的信誉度，下面有 10 种遵守道德规范的解决方法：

● **推广你的内容"见诸……"**：有没有知名博客、报纸或是电视节目引用或是报道过你的内容？肯定有，不要藏着掖着。很多内容创作者都用"见诸……"来证明内容曾在哪里出现过，这是很有力的社会认同。

● **请求推荐**：LinkedIn 推荐很酷的一点就是——它们是永久公开的。你随便在哪儿都可以使用它们的推荐。所以去请求你最钟爱的客户帮你推荐吧，然后再用这个狠狠地做宣传！

● **利用朋友和家人**：如果你刚刚开始内容创作，不要羞于寻求帮助。告诉所有你认识的人你需要宣传自己的博客，请他们在 Twitter 或是 Facebook 上帮你宣传，同时还要请他们帮忙评论。

● **发动员工**：营销的成功事关你公司的每个成员。找到那些热爱社交媒体的员工，请他们分享你的内容、支持你的工作。忠心的员工通常会自豪地参与公司的市场营销活动。你甚至可以每周给他们发一封邮件，建议他们该发布哪些推文内容。

● **凸显别人的推荐**：瑞德福大学的盖瑞博士曾给我的《社交媒体解惑》一书评论道："马克写了多本了不起的有关市场营销的书。"这可是一个难得的证言，因此，我在很多售卖这本书的网站上都张贴了这句话，包括亚马逊在内。如果你的公司收集到一些别人的推荐，请把它们撒在你知道的经常有人看的网页上。"我从你的内容中学到很多重要的经验"这类的推荐语，能够帮你说服那些还在犹豫是否订阅你的内容的网站访客。

● **推广权威标记**：访问任何大学的网站，我保证你起码会在上面发现一个以上的荣誉徽章，写着诸如"新墨西哥州东南部前十大商业学院"之类的东西。每个人都有其闪光之处。如果你入围了、被提名了、受表彰了等等，一定要让别人知道。

● **关注强大的用户评论**：你有哪次在亚马逊或是其他任何一家电商网站上购物是没看评论的？评分系统是很强大的社会认同，但是不用对几个负面评论过于紧张。没有人是完美的，这种平衡实际上增加了评论的可信度。

● **追踪订阅人数**：与大家在一起会让人觉得很舒服。很多网站都有内容频道订阅人数计数器。Hubspot 在他们的网站上有一句简单的口号："订阅我们的博客吧。成千上万的人都已订阅！"

● **收集别人称赞你的推文**：当有人发一些称赞你的推文时，记得要将这些推文收藏起来。之后你可以对它们加以整理，并建立链接直接导向这些公众推荐的列表，公开你收到的社会认同，比如："不要看我说的，点击这里看看别人是怎么评价我的（书、博客、播客……）。"

● **公布你的客户**：Logo porn 是一种很流行的、在网站上展示客户商标的做法。展示你的合作伙伴是给公司建立信誉度的一种便捷手段。在将客户的商标放到网站上之前，有些客户特别是大公司的客户需要你先征得它们的许可。针对这项规定，我注明了合同条款："舍费尔营销公司可能会在本公司网站中注明你是我们的客户。"一般来说，客户们乐于以这种方式帮助你。

当社会认同产生事与愿违的效果时

我需要在这一章即将结束之前给大家提个醒。几年前，我做了一个决定，就是删除我网站上的所有社会认同标记。本质上来讲，我没有遵循自己的建议。下面给大家讲讲这个故事。

在我开通博客之初，《广告时代》杂志发起了一套评选标准，叫作"影响力150"，评选出世界上最具影响力的市场营销博客网站。其实那根本不是什么靠谱的标准，其中部分打分是由某个家伙的喜好决定的。我不是在开玩笑，就是"陶德打分"部分。有两次我还通过写信请求陶德，而使我的分数得到了提升呢。该名单上甚至还有些博客已经两年没发过博文了。情况就是这么糟糕。

但是同很多博主一样，我很在意这种社会认同。我在网页上每天展示自己的得分。当时我的排名在 37 位或是 22 位，抑或是陶德决定的任何位置。如果排名往下掉了我就会抓狂。因此，我不但没有专注于创作好的内容，还开始把重心放在如何增加我的得分上。而这根本就是一个什么都证明不了的评价标准。我的网站上还有另外 7～8 个奖章，都是一些毫无意义的奖项。对我而言，社会认同成了一种干扰，一种病症。

最终我的理智战胜了虚荣，我知道必须进行一次清理了。我的个人哲学一直是"创造好的内容，热爱你的受众，剩下的自会圆满"。可在这之前，我迷失了。十分钟内，我将网站上的所有奖章、所有溢美之词、所有推荐全部删除。

我立刻重获活力，再次将重心放到利用每一篇博文来取悦我的粉丝上来。清除排名和奖项的干扰使我得以专心致力于创造好的内容，打造优质粉丝群。很快，我就不再关心那些排名了，并且再也没有回头看过。

这不是在对那些将社会认同作为一种营销技巧的人品头论足。我刚才还为这一技巧写了一整章的内容呢。社会认同是热点密码的重要组成部分，只是它不太适合我。因此，如果你也开始过于频繁地关注那些排名数字，就要小心了。

到这里，全书就快结尾了。让我们看看影响内容引爆的最后一个微妙元素——它几乎跟内容毫无关系！

第十章

权威性的奥秘

> 我们很清楚，没有人会为了废除权力而夺取权力。
>
> ——乔治·奥威尔

恭喜你！你已经找到了热点密码六个元素中的最后一个，权威性，这个一直被神奇的迷雾所掩盖的元素。

如果让我如实地描述热点密码元素，比起其他五个元素的高大形象，第六个有点……嗯……有点小。权威性是内容引爆中最不可控的元素，至少在短时间内是这样。尽管难以捉摸，但它仍是很重要的一个元素，因为如果你能树立一个网站的权威性，那么你的内容引爆就可以得到几乎永久的优势。

让我们用一个有点悲哀的小故事来解释一下网站（或领域）权威的重要性。

本书的起点之一是我在第二章里一直提到的《内容休克》博文，这篇文章含有英雄型内容的所有元素，而且它实实在在地引爆了我的核心粉丝，甚至超越了！该文章被分享了数千次，得到上百条评论。这就是社会认同！仅在很短的时间内，网络上就出现了很多其他相关内容，并且都链接到了我的博文上。

文章发布一周之后，我在谷歌搜索"内容休克"，想看看别人对我的评论。让我极度震惊的是，我的文章——原创的想法——在搜索排行榜里居然只排到第三位……这可是我几天前才造出来的一个搜索项啊。

这看上去不像真的，对吧？排在我前面的两个冒牌内容居然超越了原始文章的原因，就在于一种被称作"领域权威"（也叫网站权重）的衡量标准。从谷歌的角度来看，那两个网站比我的小网站更大、更有名，这一事实让他们在搜索排行里拥有了关键性的、几乎永久性的优势。

最重要的内容并不会排在首位，最重要的网站才会。

根据行业专家估算，一个网站的信任度和权威性排名占搜索排名算法 25％的比重。谷歌的网站排名与公众搜索结果紧密相关，难怪我的博文搜索排名与拥有数十万读者的大 V 博文相比会逊色。

网站权威性的关键因素

李·奥登是顶级营销公司的首席执行官，也是网站优化方面的专家，他就网站权威性的工作方式给出了很好的解释。这种工作方式就像是私人网络，只有谷歌见证着各种关系是如何发展的。

奥登说：

　　我认为思考这件事应该参照现实世界的关系网，如果你搬到一个新社区，开始一份新工作，聪明人会想在这个新区域、新组织或新的影响范围内建立信誉，否则，他们永远也别想把事情做好，也无法与新朋友愉快地相处。

　　对于新人来说，找到那些已经在某个范围内获得了权威的人非常必要，创造机会与他们交谈，并建立联系。如果你的努力获得了某种认可——比如有人邀请你参加他们的聚会或晚餐——这就说明你在这个社区里成为了他人眼中重要的一员。这个比喻就是谷歌在寻找的——信任度的信号。我不知道谷歌是否会从内容作者的角度考虑，但是在信息检索中有一种表达叫作"实体"。

　　一个已知的实体可以是一个人，也可以是一家公司，但它必须是一个事物，像一个中心，而且它能制造内容，还有其他的实体能够引用它，比如博客和专业期刊。这些认可的信号就是谷歌的起源，也是页面排名算法的起源。实际上，比起特别链接到网站或网页的排名，信任度的信号由于受到社交网络发展的影响，已经能识别网络的个体并关注他们发布的任何内容了。

　　如果你拥有Google＋的账号，或是谷歌邮箱的账号，抑或YouTube的账号，那么谷歌不仅能抓取你平时所查阅的链接和内容，甚至还能查到一些社交数据和其他关联。

　　另外，如果你要在其他网站写一篇文章，比如《华尔街日报》或快速公司网站，你的信任度会一直跟随你，无论你走到哪里，因为关于你和你名字的引文一直都在。这种方法可以回溯到传统的公共关系，在过去，如果你在其他信任度高的网站获得了正面的曝光，那么你在推广自己的内容时就会很有利，因为有不断积累的信号发送到了谷歌上。

想扩大优势的你能否做点儿什么，让如此重要的排名再优化一些呢？搜索优化的专家们在猜测谷歌排名机制时争执不下，他们为各自观点而战的场景非常具有观赏性。（某天可能会成为一项奥运会赛事：谷歌摔跤。）尽管谷歌对他们的算法细节只给了少之又少的线索，但出乎意料的是，对于以下这些最终造就网站权威性的因素，搜索优化的专家们却一致表示同意：

● 指向你内容的外部链接的数量、质量，以及相关性。

● 域名的时限：创办比较早的网站"和权威做邻居"的时间更长，已经取得了信任。

● 网站的规模以及含有高质量信息的页面。

● 外部链接的数量和质量：你认为哪个网站值得链接？网络术语就是：谁是你的朋友？他们在谷歌搜索中有一定的权威性吗？

● 搜索引擎垃圾技术的迹象：搜索引擎垃圾技术是一个广义术语，它表示一种试图愚弄系统的不道德或者比较可疑的行为。你是否拥有10个、20个或30个相互链接的域呢？你会指向那些已被认定的垃圾网站吗？你的网站是否有很多出自垃圾网站的链接呢？告诉你，谷歌可不赞成这种行为。

● 链接多样性：通常来说，与大量优质网站做少量的链接要比与一小撮网站建立大量链接更好。

● 链接源头关键词多样性：让每个人都使用你指定的关键词链接回你的网站，这在过去是非常好的做法。但现在，谷歌想要有更多的自然链接，同时人们在搜索时往往也会使用不同的关键词。

● 速度：这一点变得越来越重要。如果你的网站发展得很慢，那么你将会受到排名的惩罚。

● 瞬时网站流量对比长期网站流量：一个网站是否持续发布内容并获得稳定的流量？某网站如果突然流量暴涨，那么它有可能是购买的流量，谷歌非常反对这种行为。

● 累计的页面价值：对于一个 50 页的网站，有多少内容是有价值的？

我们在第五章讲过，可以通过吸引核心粉丝来增加流量数据，比如再次到访的访客、每位访客的页面访问数，以及在网站上所停留的时间等。谷歌愿意看到人们为你的网站多花点时间，这叫作停留时间。如果有人通过谷歌发现了你，访问了你的网站，然后又立即回到谷歌，那就说明你没有给用户提供想要的信息。

现在你知道网站权威性为何是热点密码六大元素中最难的部分了吧，因为它需要大量的工作和耐心！而且特别重要，不可忽视。

由于谷歌没有教给你如何评估自己的网站价值，于是一些独立的公司就开发出了自己的排行，可以用作谷歌搜索排名的参考指标。其中一个领先的算法是 MOZ. com 上一个免费的领域权威工具，他们的估算是对网站权威性进行对数计算，也就是说，在百分制下，从 30 上升到 35 比从 80 上升到 85 要容易得多。

从哪里开始你的进攻计划呢？为了得到答案，我找到了伊恩·克利瑞，他是 Razor Social Media 的创始人，都柏林人，他为这类复杂的问题提供了一个可信的、清晰的观点。

网站权威性提升计划

克利瑞认为，领域权威排名是网站所有页面排名的总和，所以说，如果专注于改善单个页面，最终你也能提升自己的领域排名。

页面权威的提升主要是通过网站的外部链接，而那些链接到你这里的外部网站最好是本身就拥有较高页面权威的网站。如果有人从一个页面权威值为 70 的网站链接到你——而且这是一个相关性链接，意思是说你们处于相似的产业——那么这个链接就会帮你提高页面权威，在类似群体中，你会发现人们将逐渐认识你，并相互推荐你。

对此，谷歌给出了这样的解释："页面权威只依赖于网页的民主本质，它把庞大的链接结构作为单个网页价值的指标。从本质上讲，谷歌把由网页 A 链接到网页 B 的做法解释成一次投票，由网页 A 投票给网页 B。"

链接的价值来自领域权威性、内容的相关性，以及一系列其他因素。比如，一种情况是某网页中的 100 个链接里有一个链接到你，另一种情况是网页中唯一的链接就是指向你，两种情况相比，后者显然更有帮助。这个问题解释起来相当复杂，但是总体来说，如果你想获得外部链接，最好的情况就是它们都来自拥有领域权威性高的相关网站，以及那些网页权威性高的网站。

当你持续创造有趣的、与你的业务相关的、具备"分享基因"的内容，并发展了一群愿意帮你引爆内容的核心粉丝时，你的页面权威将势不可当地增长。人们总爱引用伟大的内容并衍生各种想法，因此你可以通过与人们联系得到能增加信任度的外部链接——你"被邀请参加聚会"了。持续致力于热点密码的其他五个元素，最终也会有效地扩大你的谷歌版图。另外，在你不断开发内容的时候也要记住以下几点：

（1）**优异的质量促成人机对话**。这也就是为什么对于很多依赖谷歌搜索的企业来说，拥有一个博客非常重要——因为每一篇博文都为谷歌的索引提供了一个页面。每个新的词条也增加了链接到你的内容的可能性，这在整体上有助于增加你的网页权威性。

（2）**拥有一个建设外部链接的策略**。这是一门艺术，就像科学一样！当然，你应该侧重于从高权重的网站中获得链接，但从谷歌的角度来看，同时拥有高权重和低权重网站或页面的链接看起来更加自然。时至今日，关于建设外部链接的策略已经形成一个完善的产业了，而详述起来的话，那些细节将超出本书的范畴。以下仅提供一些获得外部链接的常见方法：

● **朋友帮朋友**：找出行业中的意见领袖，认识他们，想办法为他们提供帮助，并出现在他们的人际雷达里。时间一长，他们可能就会反向链接到你和你常发的内容上。

● **从高权重的页面链接到低权重的页面**：如果你的网站上有一个高权重页面，那么从这个网页链接到本网站的低权重网页会对网站有一定的推广作用。

● **积极寻找外部链接**：尽管这个任务非常耗时，但是确实有用。把你的内容推广到有充分理由分享它的网站上去。如果他们不了解你的内容，他们就永远也不会链接到它！最好的策略之一，就是找出市场的领导者，或者找出最近的竞争对手，在 Open Site Explorer 这个网站外链免费查询工具中搜索他们，搜索结果会告诉你他们是在哪里得到的外部链接，然后你就可以去那里宣传你的内容了，这几乎是万无一失的策略。

（3）**以稳定为目标**。每当你对网站进行结构性的改变，尤其是对网页重新命名的时候，都可能会破坏一些重要的内部和外部链接。这么做肯定会摧毁一些链接"友谊"，并向谷歌发出危险信号。所以，如果你重新设计了一个重要的网页，那么一定要与开发者共同确认，保证已有内容的权威性能够重新适配到新的网页中。

不要为页面权威性感到困扰。热点密码中的这一元素没有捷径可走，需要数年的经验和网络工作才能达到精英水平。但我向你保证，如果你按照这本书里的最佳方法来做，即使每周只做一点点，你的网站权威性也会得到提升。

这是一个明确的、统一的观点，创造特别的内容然后引爆它。如果它引爆了，人们对内容的认知就会增加，会更加尊重内容，关心你的粉丝人数也会增长。在新的社区里，你会受人欢迎，甚至为人们所喜爱。

另辟蹊径推广内容

如果你没有能把自己或所在公司变成领域权威的资源，那么你可以重构一个议题，用不同的方式解决问题。把"我怎样才能让自己网站上的内容打败那些大网站，并让我的客户在搜索结果中看到它们呢？"的想法换成"我怎样才能尽我所能地把内容放到客户面前呢？"

下面有一些策略可以考虑：

● 精选：我订阅了很多有用的日报、周报和月报，它们总结了营销、企业家理念、科技和设计这些我的兴趣领域里最棒的文章。这些报道从不在谷歌的搜索结果中出现，但却是一个受人信赖且持久的信息来源。这些消息不仅吸引我忠实地阅读，同时也是我给粉丝分享有趣内容时的主要来源。

● LinkedIn：如果你正在搜索任意一家 B2B 公司或与经济相关的话题，那么很可能最热门的搜索结果之一就来自 LinkedIn。也许为了获得一个有效的搜索结果，你并不需要谷歌所推荐的最强网站，但你必须得到 LinkedIn 提供的最好内容。LinkedIn 已经转型为世界最大的商业信息和内容的发布机构，而这些信息和内容都是被谷歌高度索引的。

● 有影响力的群体：通常每个行业都有一些在网络上有影响力的小圈子，那是意见领袖出没的地方。它可能是 Facebook 或者

LinkedIn 上的一个团体，也可能是由一家公司赞助的私人论坛，抑或只是一个私密的博客社区。如果在这些组织中表现积极并得到信任，那么就可以带来内容的传播，甚至还能带来新的核心粉丝。如何找到这些组织呢？问啊。问你所在的行业领袖这个问题："我正在尝试学习这个行业的知识，能给我推荐一些您认为有帮助的网络论坛、团体和信息源吗？"

● 明智的推荐对象：意见领袖们是信息上瘾者，他们喜欢抢先掌握内部的独家新闻。事实上，他们很可能已经安排好时间去收集自己感兴趣的信息了，所以他们才能每次都从容不迫地做第一个分享信息的人！新的消息，尤其是独家消息，对他们来说就像是引爆炸弹。我必须承认……我也是这一类人。如果非常熟悉的人给我发了一篇他们认为我会喜欢的文章链接，我都会仔细阅读并分析。那么，你有这样的客户吗？核心粉丝中有可信赖的成员吗？

● 成为中心：市场营销咨询师瑞秋·斯特拉关于内容引爆提出了这样一个观点：**"当大部分人努力侧身在拥挤的空间里行走时，我常常在想，成为这个空间是否更可取。**这是我们为一个处于过饱和市场的客户提出的想法。那是一个政府承包商的市场，政府寻找的是拥有高水平安全许可的人选。这位客户在找到我们之前，已经接触了上百个关于军事人员的组织、论坛和网站。竞争如此激烈，他不确定社交媒体网络是否值得他付出努力。首先，我们必须看看他的竞争对手都选择了什么样的方式。我们花了数小时进行社交媒体监测，来确定有价值的目标受众的需求，这么做可以指导我们的内容规划。同时，它还给我们一个灵感，与独特的非营利性事务建立内容战略合作伙伴关系。我们让他建立自己的'中心'——一个分享型社区，成为行业的原始信息源。这个想法就是，通过填补空白和加强权威性发言，他以价值为基础的内容和以社区为重点的思路将帮助他战胜所处领域中的信息过剩。"

恭喜！你已经解锁了热点密码的秘密！但事情还没有结束，让我们检查一下当这些元素聚集到一起，在内容营销的场景下还会发生什么吧。

第十一章
热点内容的未来趋势

> 如果你一成不变，那你就玩完了。
>
> ——本杰明·富兰克林

这是本书的最后一章，在我们彼此说再见之前，需要弄清楚怎样用好讲过的这些方法，怎样让你的团队吸收这些理念，你的内容及热点引爆有哪些可以利用的资源。

先说重要的事：让我们梳理一下团队架构。

引爆内容的核心团队

如果你的公司有专门的内容创作和社交媒体管理资源，就可以考虑建立一个可胜任热点引爆工作的核心团队了。如果你把这本书交给一个有才干的雇员，并跟他说"把这本书吃透，每天做这个工作"，这将对你的公司产生什么价值呢？如果你雇用一位热点引爆专家，迅速提升了公司的内容营销水平，这对公司又会有什么影响呢？

现在，内容营销专家的这一概念已经开始吸引人们的注意了。布莱恩·鲁兹是该领域的领军人物。他是 CBL 地产公司的市场营销部门主管，雇用了专门从事热点引爆密码方面的人才。

鲁兹表示：

> 过去几年，由于各平台用户的增加、内容数量的增长以及付费模式的出现，我们在社交渠道上的自然阅读量已经开始下降，特别是在 Facebook 上。为了继续留住客户，我们改进了内容营销策略，希望能够创造出"惹火"的内容。我们还决定雇用两名传播专家，专门打造营销内容的"分享基因"。能够胜任这类工作的人很特殊，需要有两方面的特征：一是他们的成长要伴随着社交媒体，了解公司品牌在社交平台上应该怎样进行沟通和联系；二是他们要拥有出色的分析能力，能够清楚知道为什么某一博文或是对话能够引爆网络。
>
> 热点引爆者的任务就是时刻关注业务的各个方面，包括销售、传播、客户服务以及竞争情况。自从吸收这些成员以后，我们的内容曝光量每年都以 251% 的速度在增长。

热点密码任务清单

在本书开头，我曾强调，不存在普遍适用的内容战略。希望我已经介绍了足够多的相关方法，能够帮助你们制定出适合自己的策略。也许你们已经注意到或是重点标记了本书的某些内容。那么现在，让我们将这些内容投入实践当中。

本书最长的章节都用来讲述了怎样打造内容的"分享基因"、怎样与优质粉丝沟通。当然，我有充分的理由这么做。如果你对该从哪着手不知所措，那么上述两个方面值得你优先考虑。

当你在思考内容引爆计划优先事项的时候，可以先做一份内容日历，将每日、每周、每月的活动进行规划，随着时间的推移，这些清单将推动你实现更好的社会化传播。而且，这么做会让你保持专注、步入正轨，将内容投资向提升商业价值的方向稳步推进。

优化内容日历可以包括下列内容：

● 制作一份全面的博文推广网站清单。保持头脑清醒。在最适合你的地方进行内容推广，但不要一直待在同一个地方。

● 积极与你内容中提及的人和企业建立联系。

● 监测优质粉丝的活动。寻找机会与他们建立关系，为他们提供服务，在社交平台上祝贺他们所取得的成就。

● 遵循本书中给出的指导原则，优化内容标题。

● 想方设法让内容显得乐观、正向，给人以帮助性的建议。

● 寻找机会将本书第三、四章所建议的"分享基因"嵌入每条内容之中。

● 确保你的内容遵循了搜索优化基本原则。

● 在业界企业联合组织的网站上投放内容。

● 如果可以，将内容发布到诸如 Reddit 和 StumbleUpon 这样的网站上。

● 考虑为每条博文制定一项可行的宣传策略。

● 研究是否可以通过公司员工进行内容分享。

● 研究短期策略，改善社会认同。

● 联系业务上的朋友，他们可能会乐于了解你的内容。

每周引爆活动可以包含下列内容：

● 打电话、会面，与网上的意见领袖建立关系。

● 组织专门的联络活动，培养新的优质粉丝。

● 访问和推广优质粉丝及意见领袖的内容网站。

● 对常青内容进行科学排期，以便今后用于传播。

● 对今后的内容进行图表化处理。

● 创建周期时间表，将现有内容用作其他用途。

● 加入 Triberr 和其他社交分享"俱乐部"，将你的内容介绍给相关的新受众。

● 联系发布业界信息汇总的博主，为他们提供相关的内容。

月度引爆活动可以包括：

● 搜寻还有哪些新的意见领袖。为你的业务建立意见领袖数据库。

● 对新的内容推广平台、社群以及商机导航网站进行评估。

● 对广告推广选项和策略进行测试评估。

● 为内容的重复利用建立长期计划。

● 找到那些适合的会议和活动，它们可能是服务客户和树立伟大品牌的好地方。

● 参加那些可以提升你的个人或品牌形象、与优质粉丝建立联系的会议。

● 考虑进行组织机构优化，帮助你专注于内容引爆。你是否已经拥有一群充满激情、愿意帮助你的员工了呢？

● 对建立链接与其他长期战略进行研究，提升网站权重/权威性。

● 展望未来可预见的机遇，开始制定合适的内容计划。

● 研究制定内容计划，重点突出各种日常型、聚拢型和英雄型内容。

以上只是一些帮你着手开始工作的点子。从今天开始你就要制定内容战略，将热点密码投入到实际使用当中。

热点密码与商业战略

在我刚开始创业的时候，公司要求我每年制定一份五年销售策略。可是正如你所看到的，今天的商业界风云突变，那种长远的规划似乎毫无用处，不是吗？毫无疑问，变化的速度将会更快，所以，与其把战略规划看作是一个每年必须完成的任务，我更希望你能将市场营销及引爆策略看作是一个连续的过程。

就你的内容战略而言，参照美式橄榄球或许是一种更有效的方式。在这项运动中，前进的主要方法就是将球传给一个强壮且敏捷的选手，我们称他为"跑卫"。而这么做是为了在敌人的防守中找到一个"切口"，以便跑卫能利用机会突破对手，在被对方围堵之前尽可能地跑得更远。

比赛开始前，球队会对怎样才能赢得比赛制定一个总体的计划，但是在整个比赛过程中，计划会不断进行调整。实际上，每轮进攻和防守结束之后，团队都会聚集到一起考虑在哪里再找到"切口"。他们的策略就是如此。

今天，在我们思考商业战略时也应该这么做。只要你还在比赛中，你就需要寻找"切口"或是具有战略影响力的点。你需要尽可能快速地突破这些"切口"，在竞争对手开始围堵之前牢牢站稳脚跟，不管你有几个月还是几年的时间。

同时，即便你找到了"切口"，你仍需寻找下一个"切口"，下一个着力点。随着新平台、新的引爆点、新的内容形式不断创造出新的着力点，战略规划变成了一个连续的过程。就像不断突破"切口"的跑卫一样，你的成功战略是多维的，是一个由下列因素构成的函数：

● 空间：营销策略着力点在哪儿？

● 时间：这个市场"切口"所带来的机会存在时间会有多长？

● 速度：你能以多快的速度通过这一"切口"并领先竞争对手？

● 能力：你的团队需要什么样的特殊能力才能利用好你发现的"切口"？

理想状况是，有一个策略团队可以不断地检查这些方面的情况，并根据业务结构需求对其进行修正。

本书已接近尾声，现在我想以展望未来来收尾。下面是我的四点最终想法，你可以将之用作热点密码的下一步：

线下引爆热点

营销人面临的最大挑战之一，就是大部分情况下，即便我们做了很好的内容引爆工作，也不知道实际情况到底是怎么发生的。

多份研究报告表明，世界上 70％的内容分享活动发生在所谓的"黑暗社交渠道"中，比如电子邮件、短信，或是其他私人的、同行间的交流平台。查看和监视这些渠道是不可能的。大约三分之一的人只在黑暗社交渠道上分享内容，这意味着这些粉丝的活动实际上是无法监测到的。

人们倾向于在光明社交渠道和黑暗社交渠道上分享不同种类的信息。客户们通常在光明社交渠道上分享在政治上是正确的或在社交上容易为人接受的内容，而通过黑暗社交渠道分享的则是诸如财经新闻和政治舆论之类的重要内容。

但是还有一种传播形式我们尚未谈及，这一形式也相当重要——口碑传播。迄今为止，我们只论及了在线社交传播。那么，线下口碑传播占多少比例呢？50％？60％？还是更高？

根据 Keller Fay 集团的一份研究报告称，实际的比例只有7％。我们之所以容易高估这一数值，是因为线上的传播便于被发现和记录。社交媒体提供了一份令人陶醉的数据报表，包括了推文、@和帖子等等，我们在统计时很容易依赖于这些内容传播的符号。我认为，随着自然传播量在社交媒体网站上的蒸发，将你的注意力转向传统的线下口碑营销，可能会成为克服内容休克的终极杀手。

如果线下引爆真的这么重要，那么问题来了，这本书里有没有什么方式可以直接使用，将内容的影响扩大至社交媒体以外的领域？能不能以各种巧妙的方式利用技术，在工作、生活、学习以及交往中进行口碑传播？

我认为将在线内容和线下口碑传播联系在一起的时机已经成熟，是时候进行大胆创新了。

新的分析工具，用于发现灰色社交媒体

还有第三类地带位于黑暗社交媒体的潜水者和光明社交媒体的粉丝之间，它就是灰色社交媒体，这里充满了尚未开发的营销机遇。有些虽然小却存在的声音清楚地告诉我们，他们就在那里，但是我们无法探测到他们静悄悄的信号，也无法捕捉到数据。

目前，大部分优化后的分析程序给我们提供了大致的发展趋势、模式以及情绪的大幅度变化数据信息。但是，这些工具可能漏掉了一些不太常见的信息，而这些信息的发出者在悄悄地告诉我们："快注意我，我是你的优质粉丝。"

也许很多黑暗社交媒体其实并不是那么"黑"，只是因为我们没有寻找他们发出的不寻常的信号而已，或者我们找错了地方。有时候，大数据无法提供创新和洞见，只有小数据才能。

辛格是新加坡的一名数字营销经理，他向我们展示了灰色社交媒体领域存在的机遇：

> 在负责公司博客一段时间之后，我发现利用谷歌分析工具可以查明流量来自哪些地方，这很有用。
>
> 我在那里发现了一个之前从未见过的应用链接，注意到每周都有 20～50 次的访问是来自这个点。虽然不多，但是这一来源的访问量一直持续而稳定。
>
> 我发现，这一应用是一个内容团队的交流工具。现在我知道在外面、防火墙的后面存在某个团队正在分享我的博文。这就是"黑暗社交媒体"……但也有蛛丝马迹让我知道他的存在。
>
> 我做了一些调查，想找出在这个城市里是不是有哪个我知道的机构正在使用这一工具。起初我一无所获，直到几个星期之后，他们中的一人通过一条 LinkedIn 信息告诉我是他们在用。

　　结果表明，这个营销人小组就是我的目标受众——他们超喜欢我的内容！要不是我发现了这个微弱的信号并深入调查，我永远也不可能知道他们的存在。现在我知道他们是谁了，我就可以与他们建立业务往来。

有没有可能进行"微弱信号调查"来发现一类全新的、充满激情的客户呢？试试下面的方法：

● 某个我不认识的人在 LinkedIn 上支持我的"数字营销"。这可能是我唯一一次听到这个人的消息，这个微弱的信号告诉我他是我的粉丝。如果我能确定这不是他的随意之举——毕竟此人一年也就只给出两次认可，去了解一下具体情况不是很有意义吗？

● 如果你的追随者中有一名女性，一个月只发几次推文，她发推的次数这么少，以至于你在社交分析雷达上根本发现了不了她。但是如果你可以确定她的推文中有 25％ 都是关于你公司的内容，难道这不是一个"灰色信号"，表明这人非常关心你的内容吗？

● 你知道有这么一个人吗，他只评论你一个人的博客？这很重要，即便他每年只评论两次。

这些"灰色"信号有可能一点也不微弱。它其实是一群巨大的、羞涩的、安静的粉丝在向你尖叫着喊出对你的爱。这些来自灰色社交媒体、安静却重要的粉丝其实一直在向我们发出信号，但我们却错失了这些信号，因为它们不容易被追踪和量化。但是，安静并不代表他们不重要。

一些客户关系管理与市场营销的自动化软件可以帮助我们发

现这些安静的声音，虽然这些软件仍有很多局限。但是，如果你能比你的竞争对手更好地过滤嘈杂信息，发现存在于社交网络灰色区域的重要粉丝，你将获得更有利的竞争优势。

先进的过滤器对于热点引爆的影响

我已经见过未来，未来就是 Zite 这样的。

Zite 是一款手机应用程序，能够"学会"我喜欢的内容。它能根据所学到的有关我的内容，自动升级推送系统进而实现定制化。我使用这个应用浏览的信息越多，它就越能更好地推荐相关内容。实际上，它干得非常出色，推送的都是很精彩的内容，让人越用越上瘾。为此，我已经抛弃了其他很多在线新闻来源。

这可不是在为 Zite 打广告。Zite 只是帮助我们穿越信息噪音墙的众多应用之一。我只是在告诉大家要考虑内容过滤器对市场营销的影响。

5 年前，你在谷歌上搜索最优惠的汽车款式或是新车评估时，你得到的搜索结果会很相似，甚至可能是一样的。但是，随着时间推移，谷歌已经可以提供与你所处场景高度吻合的搜索结果。你在哪儿？你是谁？你有哪些朋友？通过这些信息能够得出非常个性化的搜索结果。你今天通过谷歌搜索得到的结果与我在我家镇上搜索同样信息得到的结果几乎是不一样的。

Zite 是一个更加极端的例子，因为它只给你推送内容，对你可能看到的内容进行了大幅限制。这样说吧，你在努力创建有关汽车的内容，希望能被我这样的潜在客户发现。要透过这一滤膜，你无须引爆内容赢得谷歌搜索上的竞争，你可能只需让它通过 Zite 软件的算法就行了。其他竞争对手也在争相进入 Zite 这一越发重要的空间。这是否需要不同的战略？也许我们不能只关心搜索优化，还需要考虑 Zite 推荐优化。

这是一个到处布满过滤网的新时代，对任何试图介绍新创意、新产品的机构或品牌都构成了挑战。今天，当我阅读在线报纸或是新闻推送的时候，还会有很多备选内容出现在我的面前。即便有些内容不在我的日常舒适区内，但对我来说仍然很有意义。我喜欢阅读新事物。我的意思是，这是了解新事物的好方式。

但是，随着信息密度的增加，我可以预见有一天我的全部时间都将和我的个人过滤器一起度过。我几乎不会看到舒适区之外的任何事物，因为将我留在舒适区内就是这些过滤器试图完成的工作。如果 Zite 发现我在政治上持自由观点，它很可能再不会给我一篇保守观点的文章，否则就是过滤失败。每个在线机构都在收集关于我们的数据，试图追溯我们的原型，确定我们要看和听到的内容。

虽然这种过滤有很多好处，但是每个搜索和社交媒体平台都正在扼杀我们内容选择的丰富性。这将会为我们学习和发现新的想法带来不一样的影响，不是吗？

我们将这一彻底过滤的理念推进到更高的层级。苹果的 Siri 软件是一种特别有意思的内容过滤类型，对营销人来说也是大胆的挑战。如果你问 Siri 一个问题，你可能得到一个口头答案，但这份供你选择的内容清单可能并未经过任何优化（或广告）。

Watson 是 IBM 公司认知运算系统的杰出代表。我最近认识了一些为 Watson 工作的人，所以有机会了解这种精准搜索技术未来的发展方向。精准搜索技术可能会成为终极过滤器，因为它不仅为你量身定做内容，还能为你提供精准的答案，即便答案高度复杂。只需一次心跳的时间，Watson 便能处理数十亿比特的内容，解决哪怕再难的问题。

当我问一个 Watson 团队成员，内容对于这一突破性技术的重要性时，她停顿了一会，说，"对我们来说，内容不仅是内容，它是这一技术的燃料。"

当你的任务是为计算机提供燃料，而不仅是创作博客帖子和 YouTube 视频的时候，这会给内容营销带来哪些影响呢？

根据认知运算调整内容战略的必要性很快出现。随着精准内容变成优质资源，这一变化肯定会加速边缘内容生产者的消亡，优胜劣汰，规则升级。

互联网就是我们呼吸的空气

现在让我们来回顾一下《热点：引爆内容营销的 6 个密码》一书。在第一章，我描述了导致我们走向内容休克的三个数字时代。我暗示第四个时代就在我们眼前。在可穿戴技术和增强现实技术的推动下，它将会是一个营销创意爆炸的时代。

这一发展对内容和内容引爆的影响将会是深远的，可能比互联网本身的影响还要深远。我们学习、发现、联络以及娱乐的方式都将发生永久性的变革。

想象在这样一个世界，你受到各种设备和 Wi-Fi 连接的约束。

互联网像空气一样围绕在你的四周——在你生存的"真实世界"上方有一个数字穹顶。每本书、每一堵墙甚至每一张包裹单都可能带来互动的机会。

这将会是一个营销无国界的时代。我们将不再受到网页、像素或是媒体预算等的限制。营销的驱动力将会是乐趣以及体验。今天，我们的市场营销主打的是实用性，强调的是效果。但是，这也有严重的局限性。在你帮到客户之后，怎样继续与他们打交道，并和他们一起成长呢？"好了，我已经买了汽车。谢谢你的有用信息。五年之后等我准备换车的时候再见吧！"

但人们对乐趣的需求是无限的。实际上，我们对玩游戏、享受乐趣的渴望比对其他任何事物的渴望都要强烈。我认为下次革命的赢家将会赢在创造和引爆乐趣上，赢在每天为他们的客户创造无尽的体验上。就像其他各个阶段的市场营销一样，早期的适应者会极速成长，那些较晚参与游戏的人则会垂死挣扎。也许从现在起的五年，我会写有关"乐趣休克"的内容——我们会有太多因竞争而产生的交流机会。"少数派报告"现在看起来可能会有些离奇，但我们正大胆地朝着下一个享乐时代前进。懂了吗？我无法拒绝与你一起进行最后的狂欢！

引爆热点，改变世界

我们的"热点密码之旅"即将结束。这本书对我影响深远。在发掘内容分享背后的心理学和社会学因素后，我非常感激大家通过这一亲密行为对我做出的馈赠，感激大家点击鼠标时所表达的信任。我们所有人都拥有不可思议的机会来改变我们的世界，通过传播最好的创意，我们可以让这个世界变得更加美好。

在研究过程中，我看到了畅销书作者赛斯·戈丁写的一段短文，比我更好地表达了社交分享所代表的情绪和机遇：

> 我有一位朋友，我总是可以要求他推荐一本好书。还有一位朋友，他不仅能告诉我现在电影院最好看的电影是哪一部，还对自己的推荐很有自信。

> 有些人渴望共享那些值得一读的文章或是创意。

> 而大部分的人则会犹豫："万一有人不喜欢怎么办……"

> 很明显，这些人害怕被人品头论足，而我们留下的数字痕迹会让这些评价看起来更加真实和持久。我们的文化在不断地改变，改变它的因素就是我们所创造的理念和那些我们选择与之分享理念的人。

> 分享你关心的理念是让你的世界更加美好的一种方式。

> 下一刻我们身处的文化便是今天我们分享的内容被人们所喜爱的结果。**我们分享或不分享决定了未来会发生什么。**

> 我们正在远离各种自上而下的传播形式，包括电影推广、上架好书等等，而人际间的相互推荐则是现在改变事物最强有力的方式。

> 要有胆量说出"我读过这个，你也应该读读"。要有足够的勇气专注于我们的文化（和你的朋友），推动他们向前并一

直坚持下去。

我们判断你的主要依据，就是你是否足够专注于改变某种事物。

你们一直是我出色且专注的读者，在这里，我要感谢你们阅读本书，虽然这有点肉麻。

在这次我们一起度过的时光中，最大的收获就是你成了我的优质粉丝，而我也成了你们的优质粉丝——但是这种情况只有当我知道你们的存在的情况下才会发生。

我希望你与我联系，帮我引爆这本书中的创意。如果你喜欢看到的这些内容，请大度地分享给你的朋友吧。

最重要的是，让我们改天见个面吧。这听起来是否有点牵强？一点也不。我可能很快就会出现在你身处的城市——关注你的微博吧！与我的优质粉丝见面是我工作中最美妙的部分。

非常感谢你们读了我的书。让我们保持联系，好吗？

你已经解锁了热点密码。现在，动手引爆内容吧！

参考文献

第一章

1. Nielsen Company report "The US Digital Consumer"
http://www.nielsen.com/us/en/insights/reports/2014/the-us-digital-consumer-report.html
2. BusinessesGrow.com
http://www.businessesgrow.com/2014/01/06/content-shock/
3. Sass, Erik "Users are Blind to Branded Content on Social Media" Media Post
http://www.mediapost.com/publications/article/243011/consumers-blind-to-branded-content-on-social-med.html?edition=79840
4. Hansford, Brian "Turning B2B Readers into Revenue"
http://www.heinzmarketing.com/2014/02/siriusdecisions-turning-b2b-readers-revenue/
5. eMarketer report can be found at
http://www.emarketer.com/public_media/docs/emarketer_social_commerce_roundup.pdf
6. To read more about this case study and view the video, go to http://www.businessesgrow.com/2014/02/10/mirabeau-case-study/

第二章

1. Sheridan, Marcus on Sales Lion Blog
http://www.thesaleslion.com/long-take-business-blog-grow-big-success/
2. YouTube "The Creator Playbook for Brands"
http://think.storage.googleapis.com/docs/creator-playbook-for-brands_research-studies.pdf

第三章

1. Romero, Goluba, Asur and Huberman Paper presented at technical conferences WWW 2011 and ECML-PKDD 2011 called "Influence and Passivity in Social Media."
2. Facebook research cited in Marketo report "Contagious Content":
http://oginenergy.com/sites/default/files/Contagious-Content.pdf
3. Courtesy New York Time:
http://nytmarketing.whsites.net/mediakit/pos/
4. The psychology of sharing
http://nytmarketing.whsites.net/mediakit/pos/
5. IPA Advertising case studies
http://www.ipa.co.uk/Page/IPA-Effectiveness-Advertising-Case-Studies#.VK1swNE5DlZ
6. Naaman, Boase and Lai "Is it Really About Me?" Proceedings from ACM Conference (2010)
7. Mitchell and Tamir "Disclosing Information About the Self is Intrinsically Rewarding" Proceeding of the National Academy of Science (2012)
8. Tierney, John "Good News Beats Bad News on Social Networks" New York Times

http://www.nytimes.com/2013/03/19/science/good-news-spreads-faster-on-twitter-and-facebook

9. 2011 Journal of Marketing Research, American Marketing Association

10. "Coming Clean on Facebook Reach" http://www.businessesgrow.com/2014/08/25/facebook-reach-2/

11. Maloney, Devon "Popularity of Quizzes comes from Fear, Not Narcissism" Wired http://www.wired.com/2014/03/buzzfeed-quizzes/

第四章

1. Courtesy eConsultancy. https://econsultancy.com/reports/internet-statistics-compendium

2. Study cited here: http://www.7boats.com/generate-more-lead-with-social-sharing/

3. Spool, Jared "The $300 million button" on User Interface Engineering http://www.uie.com/articles/three_hund_million_button

4. Courtesy New York Times: http://nytmarketing.whsites.net/mediakit/pos/

5. Pew Research Study: http://www.pewresearch.org/fact-tank/2014/02/03/6-new-facts-about-facebook/

6. 2011 Journal of Marketing Research, American Marketing Association

7. This research was reported in a research report by Marketo: http://oginenergy.com/sites/default/files/Contagious-Content.pdf

8. BuzzSumo: http://okdork.com/2014/04/21/why-content-goes-viral-what-analyzing-100-millions-articles-taught-us/

9. Edelstyn, Simon "5 tips to help you improve your headline click-through rate" http://www.theguardian.com/media-network-outbrain-partner-zone/5-tips-headline-click-through-rate

10. Moon, Garret "Make your content more shareable with these five tricks" Buffer Blog https://blog.bufferapp.com/shareable-content-social-media-research

11. Medina, John Statistic from Brain Rules http://www.brainrules.net/vision

12. Simply Measured study: http://cdn.simplymeasured.com/wp-content/uploads/2013/08/SimplyMeasured-Facebook-Study-July-2013.pdf

13. Edelstyn, ibid

14. http://www.businessesgrow.com/2013/04/02/heres-why-100000-people-unfollowed-me-on-twitter/

15. Libert, Kelsey "Outreach Strategies for more social shares" https://blog.bufferapp.com/outreach-strategies-for-more-social-shares

16. Much of the source material for this section came from a blog post written for the {grow} blog by Kathi Kruse. http://www.businessesgrow.com/2012/02/02/six-ways-to-turn-yelp-into-your-most-effective-marketing-channel/

17. Nielsen blog. http://www.nielsen.com/us/en/insights/news/2013/under-the-influence-consumer-trust-in-advertising.html

18. Kolowich, Lindsay "The Rules of Twitter Hashtags: Hits and Misses From 7 Big Brands" Hubspot Blog http://blog.hubspot.com/marketing/twitter-hashtag-campaign-examples

19. This case study is adapted from "Why Content Spreads" by Leo Widrich on the Buffer blog https://blog.bufferapp.com/what-makes-content-go-viral-the-anatomy-of-a-post-that-got-over-500000-likes

20. Tierney, John "Good News Beats Bad News on Social Networks" New York Times http://www.nytimes.com/2013/03/19/science/good-news-spreads-faster-on-twitter-and-facebook

21. Seiter, Courtney "How Our Brains Decide What to Share Online" Fast Company http://www.fastcompany.com/3027699/how-our-brains-decide-what-we-share-online

第五章

1. "The Kid Who Wanted a Door for Christmas" {grow} blog: http://www.businessesgrow.com/2012/11/27/the-kid-who-wanted-a-door-for-christmas/

2. Information and some direct content in this section came from the 2014 report "What Social Meida Analytics Can't Tell You About Your Customers" by VisionCritical. The entire report is available here: http://ow.ly/GKxAH

3. Pew Research Social Networking Fact Sheet: http://www.pewinternet.org/fact-sheets/social-networking-fact-sheet/

4. Pew Research report "Millennials will Make Online Sharing a Lifelong Habit." http://www.pewinternet.org/2010/07/09/millennials-will-make-online-sharing-in-networks-a-lifelong-habit/

5. The Edison Research Social Habit study is available at www.edisonresearch.com

6. Think with Google report:
https://www.thinkwithgoogle.com/articles/social-engagement-buying-question.html

7. Jeffrey Rohrs quote came from the eBook "Building and Audience Development Strategy for Content Marketing" created by The Content Marketing Institute and TopRank Marketing

8. This GoPro example came from "How to Turn Your Customers into Brand Fans" By Michele Linn
http://contentmarketinginstitute.com/2014/10/how-to-turn-customers-brand-fans/

9. The Urban Outfitter and J. Crew case studies appeared in an article called "CPG: Social Reciprocity Can Work For Your Brand, Too" by Liz Aviles that was in the December 2014 Media Post newsletter

10. Case study courtesy Vocus whitepaper "Eight great ways to generate publicity"

11. Citation from J. James: "The Psychological Continuum Model: A Conceptual Framework for Understanding an Individual's Psychological Connection to Sport"
www.sciencedirect.com/science/article/pii/S144135230170071

12. Seth Godin's comments first appeared on Seth's Blog "What did the fox say"
http://sethgodin.typepad.com/seths_blog/2013/09/what-does-the-fox-say.html

13. The Colman and Stratten quotes in this section came from the eBook "Building and Audience Development Strategy for Content Marketing" created by The Content Marketing Institute and TopRank Marketing

14. Gini Dietrich's comments first appeared on The Social Fresh Blog http://socialfresh.com/how-to-build-community-on-a-blog/

15. Kawasaki, Guy "Enchantment: The Art of Changing Hearts, Minds, and Actions"

第六章

1. To read the full Groove story, reference https://www.groovehq.com/blog/1000-subscribers

第七章

1. Many of the themes for this section came from the book Return On Influence (McGraw-Hill)

2. Quote first appeared on the Small Business Ideas blog: http://www.smallbusinessideasblog.com/how-to-promote-your-blog

3. Segal, David "Riding the Hashtag in Social Media Marketing" New York Times ivhttp://www.nytimes.com/2013/11/03/technology/riding-the-hashtag-in-social-media-marketing

4. How great leaders inspire action http://www.ted.com/talks/simon_sinek_how_great_leaders_inspire_action

5. Segal ibid

6. Altucher, James "What I learned about life after interviewing 80 highly successful people" http://www.jamesaltucher.com/2015/01/what-i-learned-about-life-after-interviewing-80-highly-successful-people/

7. Many of the ideas in this section are inspired by the article "How to Promote Yourself Without Being a Jerk" by Dorie

Clark which appeared in Harvard Business Review Online:
http://ow.ly/Gl4Ai

8. New York Times "Your Brain on Fiction"
http://www.nytimes.com/2012/03/18/opinion/sunday/the-neuroscience-of-your-brain-on-fiction.html?_r=1&

9. Psychology Today "How Social Media Inflames Jealousy" by Ira Hyman http://www.psychologytoday.com/blog/mental-mishaps/201406/how-social-networks-can-inflame-jealousy

第八章

1. This case study courtesy of the Vocus white paper "Eight Great Ways to Generate Publicity"

2. Courtesy Hubspot:
http://blog.hubspot.com/marketing/2013-inbound-marketingstats-charts

3. http://www.businessesgrow.com/2014/01/06/content-shock/

4. http://www.businessesgrow.com/2014/06/02/rising-social-media-stars/

5. http://www.businessesgrow.com/2014/11/11/speech-will-never-hear/

第九章

1. Jay Baer's quotes on social proof in this chapter originally appeared in my book "Return On Influence."

第十章

1. A host of free rating tools are available on the MOZ site:
https://moz.com/researchtools/ose/

2. Strella, Rachel "4 Ideas to Ignite Your Content"
http://strellasocialmedia.com/2015/01/4-ways-ignite-content/

第十一章

1. Mandese, Joe "Study shed new light on dark social media" Media Post
http://www.mediapost.com/publications/article/239139/study-sheds-new-light-on-dark-social-finds-cons.html

2. Keller, Ed and Fay, Brad The Face-to-Face Book: Why Real Relationships Rule in a Digital Marketplace (2012 Free Press)

3. An excellent article on this topic comes from Ardath Albee: "Extend content reach with B2B buying committees"
http://marketinginteractions.typepad.com/marketing_interactions/2014/12/extend-content-reach-with-b2b-buying-committee.html

4. Godin, Seth "You Are What You Share"
http://sethgodin.typepad.com/seths_blog/2015/01/you-are-what-you-share.html

致　谢

　　我要把这本书献给我的朋友和业内专家们，感谢你们对我的支持。为了创作本书，还有数十位专家学者接受了我的采访，是你们成就了它，在这里我要诚挚地向你们表达谢意。你们是我在这个世界上最了不起的粉丝。

　　布里塔尼·沙法是一位很特别的女士，四年来一直在我身边实习。为了我的研究，她做的事情绝对可以算得上是疯狂——停下手中雄心勃勃的工作转身投入这本书中的全新课题。我还要感谢威斯康辛大学的唐·斯坦利，感谢他提供的巨大帮助。

　　感谢克里斯托弗·佩恩、伯纳黛特·吉娃、伊恩·克利瑞、埃里克·威特拉克、李·奥登，你们都给了我很多反馈信息和指导，帮我提升了本书的完整性和准确性。

　　沙拉·马森是舍费尔市场营销解决方案公司的艺术总监，感谢他为本书设计了很漂亮的封面和版式。感谢考迪·布彻为本书的封面艺术设计所提供的指导。

　　伊丽莎白·瑞尔是本书的编辑，每当我的文字变得过于口语化时，都是你及时帮我刹车。

当我深陷于写书的艰难进程中时，有一位如此特殊的人陪我一起度过。谢天谢地，我有我的好妻子——丽贝卡。感谢你在我写书过程中给予我的爱、宽容和鼓励。

我所有的天赋都来自上帝。祈祷这本书能给上帝带来荣耀，哪怕是最微小的荣耀。

（内容营销系列）

故事营销有多重要

用终极故事和传媒思维打造独特品牌

【美】尼克·南顿 杰克·迪克斯 著

闫　佳　邓瑞华　译

- 最有效的故事营销情节是什么？
- 如何导演自己的品牌大片？
- 如何用故事让品牌常青？

艾美奖得主、世界著名品牌专家作品，用好莱坞手法赢战商场的全部秘密！

（内容营销系列）

一本书学会视觉营销（四色全彩）

【美】叶卡捷琳娜·沃尔特 杰西卡·基格里奥 著

闫　佳　译

- 如何促成目标受众更多的参与、对话和分享？
- 最优秀的、能够脱颖而出的视觉营销案例是怎样的？
- 什么样的视觉营销策略是最有效的？

社交媒体女王教你真正的视觉营销！

（内容营销系列）

首席内容官

解密英特尔全球内容营销

【美】帕姆·狄勒　著

孙庆磊　译

社交媒体时代，每个公司都需要一位"总编辑"。

- 如何组建和管理内容营销团队？
- 如何制定跨界的内容营销战略？
- 如何创作有效的内容吸引顾客？
- 如何发现被忽视的受众连接点？

英特尔全球营销战略总裁解读"首席内容官"成功之道。

（内容营销系列）

内容公司（即将出版）

【美】乔·普利兹　著

孙庆磊　译

在内容创业领域，这是一本一直被借鉴，却从未被超越的书！
内容营销之父乔·普利兹重磅力作！

- 如何才能最大限度地降低创业风险？
- 如果在创业之初不销售任何商品，而是专注创作社群需要的内容，并坚信"卖点"会随之而来，会有怎样的结果？

内容创业行动指南，即刻开启成功的创业之路。

The Content Code: Six essential strategies to ignite your content, your marketing, and your business by Mark W. Schaefer

Copyright © 2015 by Mark W. Schaefer

Simplified Chinese edition © 2016 by China Renmin University Press

图书在版编目（CIP）数据

热点：引爆内容营销的 6 个密码/（美）马克·舍费尔（Mark W. Schaefer）著；曲秋晨译 . —北京：中国人民大学出版社，2017.1
书名原文：The Content Code：Six essential strategies to ignite your content，your marketing，and your business
ISBN 978-7-300-23601-8

Ⅰ. ①热… Ⅱ. ①马… ②曲… Ⅲ. ①市场营销 Ⅳ. ①F713.3

中国版本图书馆 CIP 数据核字（2016）第 262440 号

热点：引爆内容营销的 6 个密码
［美］马克·舍费尔（Mark Schaefer）　　著
曲秋晨　译
Redian：Yinbao Neirong Yingxiao de 6 ge Mima

出版发行	中国人民大学出版社	
社　　址	北京中关村大街 31 号	**邮政编码**　100080
电　　话	010 - 62511242（总编室）	010 - 62511770（质管部）
	010 - 82501766（邮购部）	010 - 62514148（门市部）
	010 - 62515195（发行公司）	010 - 62515275（盗版举报）
网　　址	http://www.crup.com.cn	
	http://www.ttrnet.com（人大教研网）	
经　　销	新华书店	
印　　刷	北京联兴盛业印刷股份有限公司	
规　　格	148 mm×210 mm　32 开本	**版　　次**　2017 年 1 月第 1 版
印　　张	7.75 插页 2	**印　　次**　2018 年 2 月第 4 次印刷
字　　数	165 000	**定　　价**　49.00 元